U0916368

婚姻家庭法悦读

梁文莉　著

中国言实出版社

图书在版编目（CIP）数据

婚姻家庭法悦读 / 梁文莉著 . -- 北京：中国言实出版社，2022.2
ISBN 978-7-5171-4043-6

Ⅰ . ①婚… Ⅱ . ①梁… Ⅲ . ①婚姻法 – 中国
Ⅳ . ① D923.9

中国版本图书馆 CIP 数据核字（2022）第 022221 号

婚姻家庭法悦读

责任编辑：郭江妮
责任校对：罗　慧

中国言实出版社出版发行
地址：北京市朝阳区北苑路 180 号加利大厦 5 号楼 105 室（100101）
编辑部：北京市海淀区花园路 6 号院 B 座 6 层（100088）
电话：64924853（总编室）　　64924716（发行部）
网址：www.zgyscbs.cn
E-mail：zgyscbs@263.net

经销：新华书店
印刷：天津兴湘印务有限公司
版次：2022 年 3 月第 1 版　2022 年 3 月第 1 次印刷
规格：787 毫米 ×1092 毫米　1/16　11.25 印张
字数：141 千字

定价：68.00 元
书号：ISBN 978-7-5171-4043-6

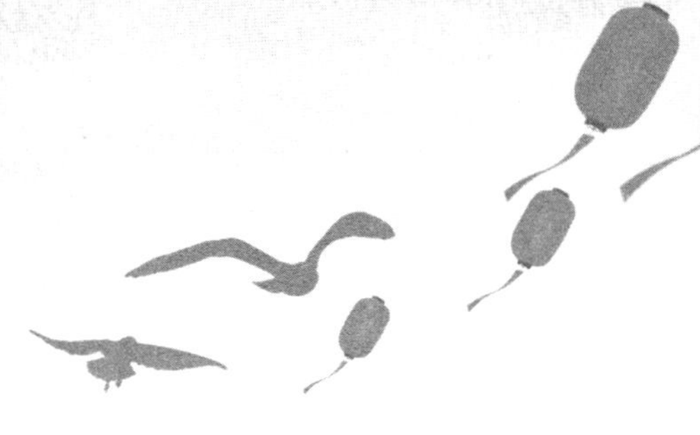

【序言】

婚姻是家庭的基础，家庭是社会的细胞。习近平总书记高度重视家庭建设，他在2018年春节团拜会上的讲话中指出：中华民族历来重视家庭，正所谓“天下之本在国，国之本在家”，家和万事兴。国家富强，民族复兴，最终要体现在千千万万个家庭都幸福美满上，体现在亿万人民生活不断改善上。千家万户都好，国家才能好，民族才能好。

婚姻家庭法是调整婚姻家庭人身关系和财产关系的基础性法律规范，具有极强的身份性、伦理性、民族性、习俗性等特征，既关注婚姻当事人利益的保护，也强调对家庭中弱势群体如妇女、未成年人、老年人、残疾人合法权益的保障，还涉及对第三人利益与市场交易安全的维护。由此可见，婚姻家庭法是促进新时代婚姻家庭健康发展的法治保障。

随着《中华人民共和国民法典》的颁布，婚姻家庭编和继承编亦随之面世。梁文莉老师所著的《婚姻家庭法悦读》一书，围绕“结婚、家庭关系、家庭家教家风建设、离婚、收养、法定继承、遗嘱继承、遗赠扶养协议、遗产的处理、家国情怀”等十个主题，运用散文式的生动文字，借助通俗易懂的家事案例、成语故事、文学诗词、历史典故，讲述了婚姻家庭从古至

今的多个鲜活故事。其中汇集法学、社会学、历史、文学等多方面知识，堪称是一本雅俗共赏，知识性与通俗性兼具的好作品。

梁文莉老师长期从事婚姻家庭法的教学研究工作。2021 年 5 月，其所在的“婚姻家庭法学”课程教学团队，成功立项了教育部国家级课程思政示范项目。本书作为该项目的阶段性成果，遵循教育部关于“课程思政建设内容要围绕家国情怀、文化素养等重点，系统进行社会主义核心价值观教育、中华优秀传统文化教育”的要求，生动、立体、合理恰当地融入了“思政元素”，在娓娓道来中帮助读者提升婚姻家庭法治意识，在亲切自然的语境中倡导家庭和谐幸福与社会安定团结。我相信会给读者以耳目一新的感觉。

是以为序。

2021 年 12 月 12 日于广州 · 广东开放大学

王　磊

【目录】

引言

一个人的事业是否成功，一个人的生活是否顺遂，与他的婚姻家庭幸福指数密切相关。婚姻家庭关系处理不好时，工作和学习都会受到影响而不能够专心进行。当婚姻家庭关系处理好了，做事情往往能够游刃有余，因为背后有家人的信任与支持。在 2021 年东京奥运会男子 100 米跑比赛中，亚洲飞人苏炳添“封神”，以打破亚洲纪录的成绩（9.83 秒）晋级决赛，成为首位闯进奥运会男子百米决赛的亚洲人，最终以 9.98 秒的成绩获得第六名，中国飞人创造了历史，中国速度震惊全世界。而苏炳添能够在 32 岁书写传奇，除了自己夜以继日的科学训练和严格自律之外，家人的支持不可或缺。事实上，苏炳添拥有让人羡慕的爱情，他和妻子青梅竹马，两人相识相恋相知十多年，如今依然恩爱有加，当苏炳添在跑道上拼搏奋斗的时候，他的妻子一直在其身旁默默支持和守护，是飞人背后的大功臣。2021 年 9 月 25 日，华为首席财务官孟晚舟女士乘坐的中国政府包机抵达深圳宝安国际机场，在加拿大被非法扣押 1028 天之后，这位传奇女士终于平安回国。这既是中国对美国和加拿大外交斗争的胜利，也是正义的胜利。2018 年，孟晚舟在加拿大被非法扣押。消息传来，其丈夫刘晓棕先生第一时间赶赴加拿大，想尽一切办法搜集证明孟晚舟清白的证据。他毫不犹豫地变卖在加拿大的豪宅，给妻子缴纳保释金，毅然决然地放下国内的一切，直接留在加拿大陪伴妻子，给她最无微不至的守护，做她最坚实的后盾，与她一起面对诸多未知的风雨。刘晓棕先生与孟晚舟女士在大风大浪面前患难与共，风雨同行，同舟共济，让我们看到了高质量婚姻给人带来的巨大力量，以及精神上的

温暖与抚慰。

婚姻美满、家庭和睦，是我们拥有幸福生活的重要保障。试想如果家庭中处处充斥着争吵声，任何人都不愿意做出让步，那么这个家庭的氛围难免受到影响，家庭中的孩子也会处于一个十分糟糕的成长环境。幸福的元素就在这些不和谐的声音中逐渐流失，越来越少了。所以追求美好的生活与成功的事业首先应从经营好自己的婚姻家庭开始。中华民族历来重视家庭，古人云“修身、齐家、治国、平天下”，这是一个亘古不变的真理。习近平总书记在2017年春节团拜会上的讲话中指出：当今社会快速变化，人们为工作废寝忘食，为生计奔走四方，但不能忘了人间真情，不要在遥远的距离中割断了真情，不要在日常的忙碌中遗忘了真情，不要在日夜的拼搏中忽略了真情[1]。

婚姻家庭在不同的时代有不同的诠释。在古代，古人认为婚姻家庭就是指男婚女嫁、传宗接代。《礼记·昏义》说：婚姻的意义在于“上以事宗庙，下以继后世”。在现代，有人说婚姻是爱情的延续，家庭则是避风的港湾与温暖的眠床。也有人说婚姻是情感的升华，家庭则是切实的归属感。不同的时代、不同的人，对婚姻家庭的理解是不同的。当然，在大部分人眼里，婚姻是爱情的结晶，是对美好恋情的见证，家庭是缔结婚姻的必然结果。言归正传，我们来谈谈什么是法律意义上的婚姻家庭。所谓婚姻，是指为当时的社会制度所确认，男女两性互为配偶的结合。所谓家庭，则是以婚姻、血缘和共同经济为纽带而组成的亲属团体和生活单位。在家庭里，成员之间互享法定权利、互负法定义务。婚姻家庭是社会的细胞，是夫妻双方和家庭成员之间基于男女两性的差别和血缘联系而形成的社会关系，既有自然属

[1] 习近平．在二〇一七年春节团拜会上的讲话[N]. 人民日报，2017-01-27（1）.

性又有社会属性，承担着绵延子嗣、教育后代、组织生产和消费、养老育幼、扶助病残、娱乐养生、文化与家风家庭美德建设、维护社会秩序等多项职能。对于社会来讲，长期和谐的婚姻家庭关系有助于社会稳定。

那什么是婚姻家庭法呢？从婚姻家庭法的调整范围和编制方法来看，可将婚姻家庭法作如下解释：实质意义上的婚姻家庭法是调整婚姻家庭关系的法律规范的总和，是民法体系中相对独立的组成部分，具有内容广泛、伦理性强、生活气息浓厚等鲜明特点。目前实质意义上的婚姻家庭法包括《中华人民共和国民法典》婚姻家庭编、《中华人民共和国民法典》继承编、《中华人民共和国反家庭暴力法》《中华人民共和国母婴保健法》《中华人民共和国妇女权益保障法》《最高人民法院关于适用 < 中华人民共和国民法典 > 婚姻家庭编的解释（一）》《最高人民法院关于适用 < 中华人民共和国民法典 > 继承编的解释（一）》《中华人民共和国婚姻登记条例》《民政部关于贯彻落实 < 中华人民共和国民法典 > 中有关婚姻登记规定的通知》等法律法规司法解释。与实质意义上的婚姻家庭法相对应的是形式意义上的婚姻家庭法，是指调整婚姻家庭关系的基本法，即以婚姻家庭法命名的法律或者《民法典》中的婚姻家庭法律规范。总之，形式意义上的婚姻家庭法包含于实质意义上的婚姻家庭法中，实质意义上的婚姻家庭法要比形式意义上的婚姻家庭法内容广泛，而婚姻家庭法的概念一般是在实质意义上使用的，本书亦采取实质意义上的婚姻家庭法的概念。

我国婚姻家庭法确立了婚姻自由，一夫一妻，男女平等，保护妇女、未成年人、老年人、残疾人合法权益，家庭应当树立优良家风、弘扬家庭美德、重视家庭文明建设等五项基本原则。婚姻家庭法的基本原则是婚姻家庭法的立法指导思想，也是婚姻家庭的基本活动准则。

婚姻家庭法既然属于民法体系中相对独立的组成部分，当然也具有法律强制性的特征。但是与其他部门法相比，从摇篮到坟墓，它调整老百姓五彩斑斓、绚丽多姿的日常生活，真诚地关切每一个婚姻家庭的幸福与美满，真诚地维护整个社会的和谐与稳定，它展现给人们的，更多是温情脉脉与柔情似水的一面。

1

终于等到你，还好我没有放弃

1.1 主题词：结婚

结婚即缔结婚姻，是指男女双方根据法律规定的条件和程序，确立夫妻关系的法律行为。结婚往往被称为结为“秦晋之好”。“秦晋之好”泛指两家联姻，春秋时期，秦国与晋国不止一代互相婚嫁。“秦晋之好”代表的是一种政治上的联姻，是国家与国家之间的联合，渐渐地后世人们把男女之间的婚姻称作结为“秦晋之好”。《礼记·昏义》说：“昏礼者将合二姓之好，上以事宗庙，下以继后世也。”由此可见，在古人看来，婚姻的意义大的方面是国家之间的联合，小的方面则是两个家族的结合，通过两个家族的结合从而实现宗族的延续，对祖先的祭祀也就得以持续。如果说古代婚姻是男方家族与女方家族两“姓”之间的结合，现代婚姻就是男女两“性”的结合。

现代结婚具有三个特征：①结婚行为的主体是男女两性。人类的性本能和自身繁衍的需要是婚姻产生的自然属性，没有两性的生理差别，婚姻无从产生。我国不承认同性婚姻。世界上有荷兰、比利时、加拿大、南非、阿根廷、挪威、瑞典、丹麦、冰岛、芬兰、澳大利亚等二十多个国家或地区承认同性婚姻合法。②结婚是法律行为。男女双方当事人结婚必须符合、遵守《民法典》和《婚姻登记条例》等法律法规规定的结婚实质要件和形式要件，否则不会产生婚姻的法律后果。③结婚的法律后果是确立夫妻关系。夫妻关系确立之后，非经法定程序，双方不得任意解除。

1.2 “父母之命，媒妁之言”与“门当户对，郎才女貌”

从西周开始，统治者就对婚姻家庭立法极为重视。西周时，男女缔结婚姻关系都必须严格服从“父母之命”“媒妁之言”的婚姻原则。“男女非有行媒，不相知名”“男女无媒不交”(《礼记·曲礼》)，这些规定，是当时男女双方缔结婚姻的法定条件。逐渐地，“父母之命，媒妁之言”成为我国几千年封建婚姻的合法形式。从宋、元、明、清再到民国，中国有关婚姻的法律，一直沿用《唐律·户婚》的基本内容。《唐律》规定娶妻无媒不可，如果未经其父母同意、没有媒人，擅自结婚要杖打一百。《大清律例》亦明文规定:“嫁娶皆由祖父母、父母主婚；祖父母、父母俱无者，从余亲主婚。”

魏晋南北朝时期，士族豪门操纵国家政权，尊卑良贱等级森严，反映在婚姻家庭立法上特别重视“门当户对”。为了不使家族系统被外族冒认，高门士族续有家谱，由国家掌握。高门士族的孩子生下来就有官职，如东晋时期的最高官职一直被王家与谢家垄断。士庶贵贱之间，不得通婚，如果良贱通婚，将会受到法律的制裁。当时强调门第婚姻具有明显的政治目的，统治阶级通过婚姻联系，维护士族的特殊社会地位，加强士族内部盘根错节的联系与团结，巩固和增强对人民的统治力量。门第婚姻是出身决定一切的观念和制度。

魏晋南北朝时期“门当户对”的择偶标准，到了宋代让位于“郎才女貌”的择偶标准，宋代的“门当户对”只是观念上的而非法律上的要求，这是历史进步，显示了社会地位的流动性。宋代重文轻武，宋代男子经过寒窗苦读，参加科举考试，甚至可以“一举首登龙虎榜，十年身到凤凰池”。龙虎榜是公布进士及第名单的榜文，凤凰池是指丞相办公的地方，也就是说进士及第有可能在十年的时间里从一介平民升迁到宰相之位。北宋皇祐元年中举的状元冯京，年仅28岁，貌比潘安。皇榜一经放出，冯京就被当朝温成皇后的伯父端明殿学士张尧佐动用护卫接到自己府上，张尧佐先是给冯京系上金腰带，接着表达要将自己女儿嫁给他的想法，并声称这个想法已经取得皇帝的同意，且已准备好丰厚嫁妆。宋朝“榜下择婿”的背后是官僚政治，允许平民通过科举进入官僚阶层，这种有限的社会流动反映在婚姻缔结方面即“取士不问家世，婚姻不问阀阅”，宋代的科举制度与“榜下脔婿”打破了尤其在魏晋南北朝时期盛行的门第婚姻制度。宋朝皇帝宋真宗就说过：“富家不用买良田，书中自有千钟粟。安居不用架高堂，书中自有黄金屋。出门莫恨无人随，书中车马多如簇。娶妻莫恨无良媒，书中有女颜如玉。男儿欲遂平生志，六经勤向窗前读。”

1.3　婚礼的那些事儿

当男女双方决定缔结婚姻之后面临的第一个问题就是要不要举办婚礼？怎么举办婚礼？之所以可以讨论要不要举办婚礼这个问题，首先是因为婚礼在当今社会是可以不举办的，而且有法律依据。《民法典》第一千零四十九条规定：要求结婚的男女双方应当亲自到婚姻登记机关申请结婚登记。符合本法规定的，予以登记，发给结婚证。完成结婚登记，即确立婚姻关系。未办理结婚登记的，应当补办登记。《中华人民共和国婚姻登记条例》第二条规定：“内地居民办理婚姻登记的机关是县级人民政府民政部门或者乡（镇）人民政府，省、自治区、直辖市人民政府可以按照便民原则确定农村居民办理婚姻登记的具体机关。”也就是说，只要男女双方去民政部门登记，领取了结婚证，那么双方就是合法夫妻了。但在古代中国，则讲究“三媒六礼”，而且是缔结婚姻的法定程序。“三媒”是指：男方聘请的媒人、女方聘请的媒人以及给双方牵线搭桥的中间媒人。而“六礼”，根据周朝《礼记·昏义》记载，缔结婚姻分为以下六个程序：纳采、问名、纳吉、纳征、请期、亲迎。

纳采是第一个环节。男方和女方合对眼了，想要成亲，首先需“父母之命，媒妁之言”，即先请媒人到女方家提亲，女方家同意后才可以下聘礼。古人讲究明媒正娶，绕过媒人与礼相违背，所以即使男女双方两情相悦，也会假媒人之口上门提亲。媒人全程参与议亲过程，直到男女成婚，其间得充当跑腿，婚后如果夫妻不和睦，媒人还会从中调解。据记载，古代媒人有两个工具，分别是斧和秤。“斧”源于《诗经·豳风·伐柯》中的“伐柯伐柯，匪斧不克。取妻如何？匪媒不得”。“秤”做衡量之用，古人崇尚婚姻要门当户对，等级观念严重，尤其是在魏晋时期士庶不婚、良贱不婚已经是铁打的规律了。除此之外，纳采最重要的一项内容是奠雁，因为“雁”代表的是忠贞与阴阳和顺，奠雁完毕后把雁放生，否则不吉利。

问名是纳采之后进入的环节。顾名思义，问名就是询问女方的姓名与生辰八字，看看男女双方的生辰八字是否匹配相合。

纳吉是问名之后进入的环节。主要是把问名的结果告诉女方，并送礼（但不是聘礼），下婚书，这个过程也要奠雁。

纳征是非常重要的第四个环节。即送聘礼，聘礼贵重与否依据男方的财力决定，一般都为金、银、绢等物品。《梦粱录·嫁娶》记载到，条件好的富贵人家金一两，银五两，彩缎六表里，杂用绢四十匹；次一点的人家金五钱，银四两，彩缎四表里，杂用绢三十匹；再次一点的银三两，彩缎三表里，杂用绢一十五匹。

请期是纳征之后的环节。即选择良辰吉日成亲。

亲迎是最后一个环节。简单地说就是新郎亲自到新娘家接回新娘子。俗话说：“日出而作，日落而息。”古人选择黄昏时刻为婚礼时间，拜堂完毕，直接可以进入洞房。正所谓人生四大喜事：“久旱逢甘霖，他乡遇故知，洞房花烛夜，金榜题名时。”其实对于选择黄昏时刻结婚的原因还

在于：古人认为黄昏是吉时，晨迎昏行，“婚”字，拆开为“女”“昏”，其中“昏”即黄昏时刻，《白虎通》上记载：“婚者，谓黄昏时行礼，故曰婚”。

广东省佛山市顺德区均安镇南沙社区从清代沿袭至今的婚嫁礼仪，包括定吉、请期、纳吉、过文定、过大礼、迎亲、于归等步骤，较好地保存了古代留存至今的三书六礼旧例，目前已成为顺德区级非物质文化遗产。

举办婚礼是一件费时费力费钱的事情，虽然我国并没有规定婚礼是缔结婚姻的法定程序，但是传统观念上结婚是人生大事，人生须有仪式感，所以当代年轻人结婚或繁或简一般都会举行婚礼，或西式婚礼，或中式婚礼，或旅游结婚。在影视剧里的西式婚礼上，主婚人会问新娘：“你是否愿意这个男子成为你的丈夫，与他缔结婚姻？无论疾病还是健康，无论贫穷还是富有，或任何其他理由，都爱他，照顾他，尊重他，接纳他，永远对他忠贞不渝直至生命尽头？”新娘回答：“我愿意。”主婚人又问新郎：“你是否愿意这位女士成为你的妻子，与她缔结婚姻？无论疾病还是健康，无论贫穷还是富有，或任何其他理由，都爱她，照顾她，尊重她，接纳她，永远对她忠贞不渝直至生命尽头？”新郎回答：“我愿意。”结婚宣誓代表着自己对终身伴侣的承诺与对婚姻的责任担当，具有积极意义。目前上海、山东、湖北、北京等地民政部门婚姻登记机关已开始推行免费结婚登记颁证仪式，颁证员作为证婚人，领读结婚誓词，并请新人跟读，新人也可以邀请父母亲友参加仪式，这种新式的婚姻登记服务受到不少新人的肯定与欢迎。在结婚登记颁证仪式上宣读结婚誓词可以提升婚姻当事人的婚姻家庭责任感，树立“重登记、强责任、崇节俭”的婚俗新风。

1.4　抗战时期的黄克功逼婚枪杀刘茜案

出生于江西的黄克功，年仅 26 岁已是参加过井冈山战争和红军长征的团级干部。在陕北，任中国抗日军政大学的第 15 队、第 6 队队长。“年轻有为、战功显赫、英姿飒爽、意气风发”成为黄克功的标签。1937 年 8 月，年仅 16 岁的山西姑娘刘茜等七名同学，不辞辛苦，跋涉千里来到了他们心之向往的延安，在抗日军政大学（后来在陕北公学）学习。刘茜初期怀着崇拜的感情与黄克功交往，随着交往的逐渐加深，两人在感情观念上出现较大的分歧。1937 年 10 月 5 日傍晚，黄克功配枪与刘茜交谈，多次要求刘茜和自己结婚并公开宣布，被刘茜拒绝。黄克功气愤之下，拔出勃朗宁手枪，两枪射死刘茜。

黄克功逼婚杀人案发生后轰动延安，受到各界的极大关注。当时存在两种观点：一种观点认为黄克功采取恐吓手段逼迫未成年少女与其结婚，既违背道德、违背军纪，也严重违背了陕甘宁边区婚姻自由的法律原则。第二种观点则认为，黄克功虽然犯了死罪，应该得到应有的惩罚，但在国难当头的特定背景下，我党应该珍惜每一个人才，让他继续为国效劳，给予他戴罪立功的机会，让他重返战场，为中华民族解放贡献力量（黄克功 16 岁参加革命，19 岁加入中国工农红军，参加过井冈山斗争和二万五千里长征，并在二渡赤水的娄山关战役中立过大功）。

针对这两种观点，毛泽东主席就黄克功案于 1937 年 10 月 10 日给雷经天的信中表达了他的观点：黄克功过去斗争历史是光荣的，今天处以极刑，我及党中央的同志都是为之惋惜的。但他犯了不容赦免的大罪，以一个共产党员红军干部而有如此卑鄙的、残忍的、失掉党的立场的、失掉革命立场的、失掉人的立场的行为，如为赦免，便无以教育党，无

以教育红军，无以教育革命者，并无以教育做一个普通的人，因此中央与军委便不得不根据他的罪恶行为，根据党与红军的纪律，处他以极刑。正因为黄克功不同于一个普通人，正因为他是一个多年的共产党员，是一个多年的红军，所以不能不这样办。共产党与红军，对于自己的党员与红军成员不能不执行比较一般平民更加严格的纪律。当此国家危急革命紧张之时，黄克功卑鄙无耻残忍自私至如此程度。他之处死，是他的自己行为决定的。一切共产党员，一切红军指战员，一切革命分子，都要以黄克功为前车之戒。请你在公审会上，当着黄克功及到会群众，除宣布法庭判决外，并宣布我这封信。对刘茜同志之家属，应给予安慰与抚恤[2]。

1937 年 10 月 11 日，陕甘宁边区高等法院召开黄克功逼婚杀人案公审大会，陕甘宁边区高等法院院长雷经天任审判长，抗大政治部副主任胡耀邦、边区保安处黄佐超同志及高等法院检察官徐世奎为公诉人。最终审判庭指明黄克功因为逼婚不成杀害进步少女是兽性不如的行为，严重损害了党的声誉，罪不可赦。审判长雷经天郑重宣判：判处黄克功死刑，立即执行！黄克功被依法枪决之后，时任中共中央总负责人的张闻天同志紧接着做了题为《民主、法制与共产主义的恋爱观》的讲话，指出“黄克功自恃有功，无视刘茜的恋爱自由、婚姻自主，应受到法律的制裁。任何领导人、干部、战士与群众，在法纪面前是平等的”。“黄克功案”处理后，毛泽东主席提出了革命青年在恋爱时应遵循革命的原则、自愿的原则、不妨碍工作和学习的原则。要严肃对待恋爱、婚姻与家庭问题，要培养无产阶级的革命理想和情操，坚决杜绝类似事件的再次发生。

---

[2] 孟昭庚 . 毛泽东写给雷经天的一封亲笔信 [N]. 学习时报，2021–10–18（7）.

“黄克功案”的典型意义在于：特权和以功抵罪观念被废除，法律面前人人平等原则与婚姻自由的观念已经建立并且深入人心，革命法治走向成熟。在当时中国共产党局部执政的特殊背景下，此案蕴涵了治党务必从严的理念，体现了民主法治和保障人权的精神。

1.5 陕甘宁边区的“封捧儿婚姻案”

封彦贵的女儿封捧儿四岁时被父亲许配给张湾村的张柏为妻，双方订立了婚约。1942 年，封捧儿十八岁时，封彦贵嫌张家贫穷，又将女儿许配给朱家后生朱寿昌。后来，张家按照当地“抢亲”习俗，将封捧儿抢到家中，封彦贵便以“抢劫民女罪”将张家告到华池县司法所，司法裁判员未做深入调查就召集封、张、朱三家当事人，当庭宣布张柏“抢亲”婚姻无效。封捧儿为与心上人张柏结为夫妻，翻山越岭 80 余里来到庆阳城，找到陕甘宁边区陇东专署专员马锡五告状，请求马锡五为自己申冤做主。马锡五同志亲自到当地调查走访群众，掌握当事人婚姻自由的真实意愿和张柏被迫抢婚的详细过程之后，公开审理“封捧儿婚姻案”，宣布封捧儿与张柏的婚约有效，使有情人终成眷属。

马锡五主张保护封捧儿与张柏之间的婚约关系，认为订立婚约是陕甘宁边区的社会惯例，婚约与婚姻自由原则并不冲突。他在“封捧儿婚姻案”的判决书中指出：“封捧儿与张柏之婚约虽系于民国十七年系父母之包办，但该地一般社会惯例均如此”“封捧儿与张柏婚姻自主有效”，明确了保护婚约的原则。而且判决书强调的是双方关于婚姻的约定系“婚姻自主”，受法律保护的是关于婚姻的约定，而非婚姻事实状态。宣判当天，马锡五亲自将结婚证书颁发给封捧儿与张柏，颁证的行为才是双方婚姻合法有效的标志。对于封捧儿与朱寿昌之间的婚约，则被陇东分庭认定为“买卖婚姻”。主要原因在于第二次婚约是在封捧儿和张柏之间的婚约没有解除的情况下订立的，从根本上违反了“一女一许”的原则。善意履行婚约是当地的风俗和习惯，如果说法律是国家制定的，习惯则是人民在长期生活中形成的，尊重习惯就是尊重社会的体现。马锡五在“封捧儿婚姻案”审理过程中充分尊重民间习俗与婚姻习惯，避免简单宣布婚约无效，赢得了老百姓对“封捧儿婚姻案”判决的支持。

1944 年 3 月 13 日，《解放日报》报道了封捧儿与张柏争取婚姻自由和马锡五专员审判此案的经过，轰动了陕甘宁边区，“封捧儿婚姻案”成为马锡五审判方式产生的典型案例。封捧儿结婚之后改名封芝琴，是中华人民共和国成立后的电影《刘巧儿》及新凤霞主演的评剧《刘巧儿告状》的生活原型。刘巧儿是青年追求幸福婚姻的榜样，封芝琴则成为新中国妇女解放的典型代表。

1.6　中华人民共和国成立以后婚姻家庭立法的四次变革

中华人民共和国成立之初，封建婚姻家庭制度与男尊女卑思想仍然顽固地存在，不幸的婚姻缠绕着无数中国家庭。社会对《婚姻法》的需求非常迫切。1950 年 4 月 13 日，《中华人民共和国婚姻法》在中央人民政府委员会第七次会议上获得通过，于 1950 年 5 月 1 日正式实施。中华人民共和国第一部法律是《中华人民共和国婚姻法》，这出乎很多人的意料。正因如此，《婚姻法》在业内被亲切地称为中华人民共和国法律的“头生子”。1950 年《婚姻法》废除包办强迫、男尊女卑、漠视子女利益的封建主义婚姻制度；实行男女婚姻自由、一夫一妻、男女权利平等、保护妇女和子女合法权益的新民主主义婚姻家庭制度；禁止重婚、纳妾；禁止干涉寡妇婚姻自由；禁止任何人借婚姻关系索取财物等。

1950年《婚姻法》的颁布施行，是中国人民革命取得全国胜利，并在全国范围内进行土地改革的同时，进一步摧毁封建主义与建立新的社会生活和家庭生活的重大社会改革，将占人口半数以上的妇女从家庭和社会的双重压迫中解放出来，在当时具有非常重要的意义。《婚姻法》公布之后，毛泽东主席曾讲了一段非常经典的话："婚姻法是关系到千家万户、男女老少的切身利益，其普遍性仅次于宪法的国家根本大法之一。"1950年《婚姻法》具有里程碑的意义，她所带来的影响不仅在中国，而且在世界范围内都是标志性的，向全世界庄严宣布中国婚姻家庭制度的新时代已经来临。这部只有27条的中华人民共和国首部国家大法，彻底颠覆了"父母之命，媒妁之言"的传统婚姻，其所确立的"婚姻自由、一夫一妻、男女平等、保护妇女儿童合法权益"四大基本原则一直沿用至今，成为我国婚姻家庭立法的基本旋律。因此，同当时世界其他国家相对比，1950年《婚姻法》的立法理念是相当进步的。

1980年9月1日，新的《婚姻法》颁布。这是我国第二部婚姻法。1980年《婚姻法》进一步巩固和发展了社会主义婚姻制度，保障公民合法的婚姻家庭权益。这部法律主要有三个重大变革。一是首次将实行计划生育内容明确写进法律，成为婚姻法第五大原则。越来越多的夫妻选择只生一个孩子，这使得男女平等观念进一步普及，也使以前的大家庭日渐为核心家庭所取代。在20世纪80年代增加这一内容十分必要，因为当时我国刚刚开始实行计划生育并作为基本国策。把计划生育上升为法律，并确立为法律的基本原则，跟当时的国情是契合的。另一个重大变革就是对离婚的法定理由作了一个实体性的规定，将"感情确已破裂"作为离婚的条件。该条款曾引起社会大讨论，离婚标准究竟应该是"理由说"还是"感情说"曾引发巨大争议。大概从1957年到1976年的20年间，我国经历了一系列的政治运动，政治运动对1950年《婚姻法》建

立起来的婚姻家庭制度造成很大的冲击，政治标准代替了婚姻关系中的情感因素，结婚和离婚其实并不自由。这就是1980年《婚姻法》将感情破裂确立为离婚标准的原因，目的在于强调婚姻的本质必须是感情。1980年《婚姻法》还有一个重要内容是将家庭的范围扩大到了祖孙关系和兄弟姐妹关系，对老年人的赡养和对儿童的保护都进行了规定。这一改变是考虑了我国养老育幼的优秀传统文化，体现中国传统价值观与中国特色。这些规定给我国的婚姻家庭带来了前所未有的巨变。

1980年《婚姻法》颁布实施20多年之后，2001年《婚姻法》修正案以社会发展为先导，以关注民生、强化救济制度为理念，对1980年《婚姻法》做出修改和完善，其重要价值在于，进一步实现了《婚姻法》从形式正义向实质正义的转变，增设了必要的法律制度和具体规定，强化了对公民婚姻家庭权利的保护。从内容上讲，2001年《婚姻法》修正案增加了几个重要内容，其一就是将“夫妻应当互相忠实，互相尊重”写进了总则，同时还增加了“禁止有配偶者与他人同居”条款。其二就是明确规定了“禁止家庭暴力”。这在我国的基本法律中尚属首次。有了这个禁止性的规定，国家出台专门的反家庭暴力法才会有基础，立法是一个渐进的改变观念的过程，改变观念之后国家才会在合适的机会立法。家庭暴力是2001年《婚姻法》修正案修法过程当中讨论特别多的话题。在传统观念中，父母打孩子、老公打老婆、老婆打老公，只是家庭纠纷，和暴力无关。而在2001年《婚姻法》修正案中明确了禁止家庭暴力的内容，恰恰是婚姻法某些内容私法公法化的特别重要的表现。此外，2001年《婚姻法》修正案带来的另一个重要变化，是为妇女、儿童和老年人等弱势群体设计了更多的保障性规定。比如，增加了离婚救济制度；要求最大限度地保护未成年子女利益；规定子女不得干涉父母的再婚自由等。

历史进入2020年，十三届全国人民代表大会第三次会议审议通过《中华人民共和国民法典》,《民法典》第五编专门规定婚姻家庭制度，原《中华人民共和国婚姻法》与《中华人民共和国收养法》自2021年1月1日《民法典》生效之日起废止。“计划生育”不再写入婚姻法的基本原则，“树立优良家风、弘扬家庭美德、重视家庭文明建设”成为婚姻家庭制度的基本原则。结婚的禁止条件、无效婚姻和可撤销婚姻制度、登记离婚的程序、收养成立的实质要件有所改变。增加了备受社会热议的离婚冷静期制度，规范亲子关系确认和否认之诉，规范夫妻共同债务“共债共签”问题。《民法典》第六编专门规定继承法律制度，原《中华人民共和国继承法》同样自2021年1月1日《民法典》生效之日起废止。《民法典》删除此前《继承法》对遗产的列举，对遗产的界定以“合法的财产”一言以概之，扩大了遗产的范围，虚拟财产等新型财产可纳入遗产范围。新增丧失继承权情形的同时补充规定了宽宥制度。将代位继承扩大至被继承人的兄弟姐妹先于被继承人死亡的情形，使得被继承人的侄子（女）与外甥（女）获得第二顺位法定继承人资格，突破了原先晚辈直系血亲的限制。增加打印遗嘱与录像遗嘱两种法定遗嘱形式。废除了公证遗嘱效力优先规则。增加遗产管理人制度，明确了遗产管理人的产生方式、职责和权利等内容。

中华人民共和国成立七十多年以来，伴随我国婚姻家庭观念与制度的革新，婚姻家庭立法完成了从简单粗糙到制度化、体系化的华丽转身，加快了从形式平等到实质平等的变革，立法理念也更加注重保护公民的自由和自治权利、保护弱势一方和未成年子女的利益，更加强化法律的救济和社会救助。《婚姻法》是家庭的根本大法。其对整个社会家庭观念的变革影响巨大，《婚姻法》立法理念的变化折射着整个社会发展的进程，《婚姻法》自身的发展变化和整个中国社会的发展变化密切相关。所有的法律一定都是顺应时代的变革产生的，中华人民共和国成立以来，每一次大的社会变革都在《婚姻法》中有所体现，发生重大历史变革后《婚姻法》也都会随之率先适应调整。换言之，社会变化了，婚姻家庭法律就会随之发生变化。中华人民共和国成立次年，我国就颁布了1950年《婚姻法》，改革开放刚一开始就出台了1980年《婚姻法》，进入新世纪后第一年，《婚姻法》有了2001年修正案。历史进入2020年，国家颁布了包含婚姻家庭与继承法律制度内容的统一的《中华人民共和国民法典》，原《中华人民共和国婚姻法》《中华人民共和国收养法》《中华人民共和国继承法》废止。由此可见，婚姻家庭是社会的一个基本细胞，大的社会变革会引起家庭细胞的变化，而家庭细胞的变化反过来会推动社会的变革。从这个角度讲，个人的命运、家庭的命运同国家和民族的前途命运是密切相关紧密相连的。

1.7 一九四九年后四次婚姻家庭立法关于结婚实质条件的变化

1950年《婚姻法》规定：结婚须男女双方本人完全自愿，不许任何一方对他方加以强迫或任何第三者加以干涉。男二十岁，女十八岁，始得结婚。男女禁止结婚的情形包括：①男女为直系血亲，或为同胞的兄弟姊妹和同父异母或同母异父的兄弟姊妹者；其他五代内的旁系血亲间禁止结婚的问题，从习惯。②有生理缺陷不能发生性行为者。③患花柳病或精神失常未经治愈，患麻风或其他在医学上认为不应结婚之疾病者。可见，1950年《婚姻法》结婚法定年龄比后面的婚姻家庭立法男女各低两岁，三代以内旁系血亲（姑表、姨表、舅表、叔伯堂兄弟姐妹）可以结婚。禁止结婚的疾病主要是指性病、精神病或者麻风病等医学上认为不应当结婚之疾病。

1980 年《婚姻法》规定：结婚必须男女双方完全自愿，不许任何一方对他方加以强迫或任何第三者加以干涉。男不得早于二十二周岁结婚，女不得早于二十周岁结婚。晚婚晚育应予鼓励。男女禁止结婚的情形包括：①直系血亲和三代以内的旁系血亲。②患麻风病未经治愈或患其他在医学上认为不应当结婚的疾病。可见，从 1980 年《婚姻法》开始，结婚年龄比 1950 年《婚姻法》男女分别提高两岁，男子法定婚龄为二十二周岁，女子法定婚龄为二十周岁。三代以内旁系血亲（姑表、姨表、舅表、叔伯堂兄弟姐妹）禁止结婚。禁止结婚的疾病主要是指麻风病等医学上认为不应当结婚的疾病。

2001 年《婚姻法》修正案规定：结婚必须男女双方完全自愿，不许任何一方对他方加以强迫或任何第三者加以干涉。男不得早于二十二周岁结婚，女不得早于二十周岁结婚。晚婚晚育应予鼓励。男女禁止结婚的情形包括：①直系血亲和三代以内的旁系血亲。②患有医学上认为不应当结婚的疾病。在 2001 年《婚姻法》修正案中，禁止结婚的疾病不再有具体的疾病名称，仅以医学上认为不应当结婚的疾病加以概括。

2020 年《民法典》婚姻家庭编规定：结婚应当男女双方完全自愿，禁止任何一方对另一方加以强迫，禁止任何组织或者个人加以干涉。男不得早于二十二周岁结婚，女不得早于二十周岁结婚。直系血亲或者三代以内的旁系血亲禁止结婚。《民法典》婚姻家庭编不再有禁止结婚的疾病之说。综合分析新中国成立之后的婚姻家庭立法关于“患有特定疾病”禁止结婚的规定，立法目的应该是防止疾病在夫妻之间的传染以及防止疾病遗传给下一代。但是婚姻自由的真谛在于：只要双方当事人在知悉疾病的情况下仍然愿意缔结婚姻，双方真心相爱并且没有对婚外的第三人及社会造成伤害，双方没有生育子女或者只是依法收养子女，在此前提下，法律没有理由阻碍双方结婚。《民法典》废除禁婚疾病的规定，这种改变最大限度地体现了法律对婚姻双方当事人意思自治权利的尊重，传递出一种良好的婚姻家庭价值观，具有深远的现实意义。

1.8 假若林妹妹嫁给宝哥哥

按照《中华人民共和国民法典》的规定，男女结婚的必备条件是：①必须是男女双方完全自愿。禁止任何一方对另一方加以强迫，禁止任何组织或者个人加以干涉。②必须达到法定婚龄。男子不得早于二十二周岁结婚，女子不得早于二十周岁结婚。③必须符合一夫一妻制的规定。要求结婚的男女，必须是未婚者、丧偶者或者离婚者。男女结婚的禁止条件是：禁止直系血亲和三代以内的旁系血亲结婚。基于优生学上的原因，血缘过近的亲属之间通婚，会影响后代的体质。直系血亲，是指父母子女之间、祖父母外祖父母与孙子女外孙子女等之间的亲属关系。直系血亲不得通婚，不仅是自然规律的要求，也是伦理道德的要求。三代以内的旁系血亲，是指出自同一父母或者同一祖父母、外祖父母的非直系亲属（同一个爷爷奶奶或者外公外婆的），包括同父同母的兄弟姐妹之间、同父异母或同母异父的兄弟姐妹之间、堂兄弟姐妹之间、表兄弟姐妹之间，以及不同辈份的叔伯姑舅姨与侄（女）外甥（女）之间。

所以按照现行法律的规定，假若林妹妹嫁给宝哥哥，首先男女双方完全自愿，也符合一夫一妻制的要求。但是根据小说《红楼梦》的描述，宝哥哥没有达到二十二周岁的法定婚龄，林妹妹也没有达到二十周岁的法定婚龄。最重要的一点是，林妹妹嫁给宝哥哥不符合结婚的禁止性条件的规定。因为林妹妹的母亲贾敏与宝哥哥的父亲贾政是亲兄妹，宝哥哥的祖母正是林妹妹的外祖母（贾母），两者是三代以内的旁系血亲关系

（姑舅表兄妹关系），故假若林妹妹嫁给宝哥哥并不符合现行《民法典》婚姻家庭编的规定。当然，小说里宝玉和黛玉之间的“木石前盟”最终也没有结合成功，这自然另当别论。

1.9 患有重大疾病需婚前如实告知另一方

央视《法治深壹度》栏目 2020 年曾播出“一桩将被撤销的婚姻”的案例视频。讲述 32 岁的青年男子万先生在 2018 年末与同龄女友小林登记结婚，婚后一年万先生向当地法院提起诉讼，要求离婚。[3] 万先生在起诉状当中提到他与小林是通过婚恋网站认识的，婚前相识相知的程度有限，婚后共同生活时间不长，男方就发现女方的情绪极其不稳定，最终发现女方其实患有严重的抑郁症。万先生诉至人民法院之后，立案庭人民调解员首先进行诉前调解。女方父母认为，女儿生病是事实，但是父母为了女儿的婚姻付出很多，前后花费 30 多万元为其治疗，女方父母认为可以与男方离婚，但是男方需赔偿小林的治疗费用。原来小林在认识万先生之前就患有很严重的抑郁症，已经治疗了三年之久。小林父母嫁女心切，加之从认识到结婚的两个多月时间里，小林病情基本稳定，两人婚前没有同居过，万先生在与小林相处的过程中感觉到对方有些郁郁寡欢，但其对新生活的憧憬忽视了对未婚妻的观察与问询。婚后不久万先生发现端倪，小林才说出真相。按照《民法典》的规定，这种情况属于一方在婚前隐瞒严重的疾病，并且这种疾病影响到了婚后双方的共同生活。《民法典》婚姻家庭编第一千零五十三条规定：一方患有重大疾病的，应当在结婚登记前如实告知另一方；不如实告知的，另一方可以向

[3]“南京市中级人民法院”微信公众号 . 央视《法治深壹度》栏目播出“一桩将被撤销的婚姻”，2020–6–2.

人民法院请求撤销婚姻。请求撤销婚姻的，应当自知道或者应当知道撤销事由之日起一年内提出。

万先生与小林的这种情况符合可撤销婚姻的情形。女方父母提出来的治疗费用问题，因根源上是由于女方隐瞒疾病造成的，对于治疗费用，假如万先生撤销与小林之间的婚姻的话，那么双方自始不具有夫妻关系，在不属于夫妻关系的前提下，万先生与小林之间根本不存在扶养义务问题，那么男方支付女方治疗费也就成了无源之水了。万先生权衡利弊之后，最终决定暂不起诉离婚，等《民法典》生效以后，可能要另行起诉撤销他与小林之间的婚姻。本案中，万先生与小林结婚登记时间虽然在《民法典》实施之前，但是如果他们的婚姻状态一直持续至 2021 年 1 月 1 日《民法典》生效之后，所涉可撤销婚姻情形属于《民法典》的新增规定。根据《最高人民法院关于适用〈中华人民共和国民法典〉时间效力的若干规定》第一条:《民法典》施行前的法律事实持续至《民法典》施行后，该法律事实引起的民事纠纷案件，适用《民法典》的规定。从保护无过错方的利益出发，人民法院最终将会依据《民法典》撤销万先生与小林的婚姻关系。另外根据《民法典》第一千零五十四条的规定，《民法典》实施之后，不仅将结婚登记前隐瞒重疾作为无过错方可以撤销婚姻的情形之一，而且还赋予无过错方主张损害赔偿的权利，无过错方万先生因此可以得到最有效的维权途径。

《中华人民共和国民法典》正式生效之后在上海发生了一件关于“丈夫婚后才向怀有身孕的妻子坦白其患艾滋病多年并且长期服药”[4] 的真实案例。女方王某与男方廖某经人介绍相识后，很快确定了恋爱关系，订婚后开始同居。2020 年 9 月，女方怀孕，双方登记结婚。2021 年元旦

[4] 澎湃新闻 . 丈夫婚前隐瞒患艾滋病，法院：适用民法典，撤销婚姻 [2021-10-03]. https：//www.thepaper.cn/newsDetail_forward_10670967.

过后，廖某终于向妻子坦白，其已患艾滋病多年并且长期服药。廖某坚持表示其所患的艾滋病早已不在传染期内，传染王某及其腹内胎儿的可能性极小，且最终经医院检查证明王某确实并未被传染艾滋病，但丈夫的婚前病史依然让王某无法接受。尽管王某和廖某两人感情基础比较好，但王某在经过内心挣扎并慎重考虑之后，仍然决定终止妊娠并向人民法院起诉要求撤销与廖某的婚姻关系。王某的诉求会得到人民法院的支持吗？同样根据 2021 年 1 月 1 日起正式实施的《中华人民共和国民法典》第一千零五十三条的规定，“一方患有重大疾病的，应当在结婚登记前如实告知另一方；不如实告知的，另一方可以向人民法院请求撤销婚姻”，人民法院经审理认为，本案中被告廖某在结婚登记之前未如实告知原告王某其患有艾滋病的事实，原告王某在知情后一年内向人民法院起诉要求撤销婚姻，应予以支持，故依法判决撤销王某与廖某的婚姻关系。王某与廖某的婚姻关系被撤销之后，双方的婚姻自始没有法律约束力。本案中，王某与廖某结婚登记时间虽然在《民法典》实施之前，但却在《民法典》颁布之后，并且王某与廖某的婚姻状态一直持续至 2021 年 1 月 1 日《民法典》生效之后，所涉可撤销婚姻情形属于《民法典》的新增规定。从保护无过错方的利益出发，根据《最高人民法院关于适用〈中华人民共和国民法典〉时间效力的若干规定》第一条的规定，“民法典施行前的法律事实持续至民法典施行后，该法律事实引起的民事纠纷案件，适用民法典的规定”，人民法院最终依据《民法典》的相关规定依法判决撤销王某与廖某的婚姻关系。

通常来说，重大疾病一般是指医治花费金额巨大且在较长一段时间内严重影响患者正常生活和工作的疾病。关于重大疾病的范围，我国《民法典》没有明确规定。根据婚姻撤销权的性质，对于“重大疾病”的认定需要综合医学标准、公共利益、立法导向来进行判断。依据我国

《母婴保健法》《传染病防治法》等法律法规，以及卫生部相关规范性文件的规定，不宜结婚的疾病大致包括三类：①严重遗传性疾病：是指由于先天形成的遗传因素，患者全部或者部分丧失自主生活能力，后代患病风险高，医学上认为不宜生育的遗传性疾病；②指定传染病：艾滋病、梅毒、麻风病以及医学上认为影响结婚和生育的其他传染病；③有关精神方面的疾病：精神分裂症、躁狂抑郁型精神病以及其他重型精神病等。至于其他疾病是否属于“重大疾病”范畴，应当按照该疾病是否足以影响另一方当事人决定结婚的自由意志或者是否对双方当事人婚后共同生活造成重大影响的标准来严格把握并审慎认定，不宜随意进行扩大解释。

《民法典》规定患有重大疾病一方负有婚前告知义务，这其实是对结婚自由的保障。换言之，如果一方患有重大疾病，对方知情，那么双方的婚姻自由是受到保护的，《民法典》不加以干涉。婚前重疾告知制度的立法目的主要体现在三个方面：①更好地尊重并保护男女双方（患病一方以及愿意和患病一方结婚的人）的婚姻自主权；②保障未患病一方的知情同意权，引导公民婚前体检；③明确不诚信的一方的法律责任。一方患有重大疾病的却未在婚前主动告知另一方，则另一方可以主张撤销婚姻，还可以要求对方承担损害赔偿的过错责任。

众所周知，“坦诚相待”是中华民族的传统美德，忠诚、信任与坦白乃婚姻关系的基石。“婚前重疾告知”是我国《民法典》新增的，赋予准夫妻双方当事人的一项诚信义务。在结婚登记之前履行“重疾告知”义务可以尽早发现问题、解决问题，有利于婚姻关系的和谐稳定与长久维系。因此，《民法典》新增可撤销婚姻中的“婚前重疾告知”制度，体现了社会主义核心价值观在婚姻家庭领域的要求。

1.10 胁迫婚

根据我国《民法典》的规定，可撤销婚姻包括两种情形，一种是婚前隐瞒疾病的可撤销婚姻，另外一种就是胁迫婚。《民法典》第一千零五十二条规定：因胁迫结婚的，受胁迫的一方可以向人民法院请求撤销婚姻。请求撤销婚姻的，应当自胁迫行为终止之日起一年内提出。

被非法限制人身自由的当事人请求撤销婚姻的，应当自恢复人身自由之日起一年内提出。《最高人民法院关于适用〈中华人民共和国民法典〉婚姻家庭编的解释（一）》第十八条规定：行为人以给另一方当事人或者其近亲属的生命、身体、健康、名誉、财产等方面造成损害为要挟，迫使另一方当事人违背真实意愿结婚的，可以认定为《民法典》第一千零五十二条所称的“胁迫”。举个简单例子，男方要求女方嫁给他，女方拒绝，理由是双方刚认识不久，相处时间过短并缺乏深度了解。某日，男方带女方回到农村老家，威胁女方立刻嫁给他，否则杀害女方。女方在没有解决办法的环境下只能违背自己的真实意愿与男方在男方农村老家登记结婚。两年过去了，女方终于找到机会逃了出来，此时她可以去人民法院请求撤销婚姻，以胁迫行为终止之日作为撤销婚姻的起算时间，更为合理，也更有利于维护受害一方的合法权益。

值得注意的是，根据《民法典》第一千零五十二条的规定，因受胁迫而请求撤销婚姻的，只能由受胁迫一方的婚姻当事人本人提出，受胁迫方的近亲属及其他组织和个人均无权提出。该规定充分体现了婚姻自由原则，尊重当事人对婚姻关系的自由意愿，有利于保护婚姻关系当事人的合法权益。在现实生活中，确实存在某些受胁迫而结婚的当事人，却在与对方当事人的婚后共同生活中建立了感情，或已生育子女，家庭

较为和睦，愿意继续共同生活的情况，此时如果法律强行规定对此类婚姻一律予以撤销，不利于保护婚姻当事人和未成年子女的利益，不利于婚姻家庭乃至社会的和谐稳定。因此，将受胁迫而缔结的婚姻规定为可撤销婚姻，把是否撤销该婚姻的请求权仅赋予受胁迫的一方当事人是合理的。如果受胁迫方不愿意维持该婚姻，可以向人民法院请求撤销婚姻；如果受胁迫方愿意继续共同生活，也可以放弃申请撤销婚姻的请求权，人民法院不能主动撤销当事人的婚姻关系。《民法典》的规定充分体现了兼顾个人利益和社会利益的立法原则，在保护当事人，特别是保护善意当事人及未成年子女利益方面具有重要意义。

《最高人民法院关于适用〈中华人民共和国民法典〉婚姻家庭编的解释（一）》第十九条规定:《民法典》第一千零五十二条规定的“一年”，不适用诉讼时效中止、中断或者延长的规定。因此请求撤销婚姻的，应当自胁迫行为终止之日起一年内或者恢复人身自由之日起一年内提出，该一年内期间一般而言为固定期间，不因其他因素可延长、扣除或者重新计算。根据《民法典》第一千零五十四条的规定，被撤销的婚姻自始没有法律约束力，当事人不具有夫妻的权利和义务。同居期间所得的财产，由当事人协议处理；协议不成的，由人民法院根据照顾无过错方的原则判决。婚姻被撤销的，无过错方有权请求损害赔偿。根据《最高人民法院关于适用〈中华人民共和国民法典〉婚姻家庭编的解释（一）》第二十一条的规定，人民法院根据当事人的请求，依法确认婚姻无效的，应当收缴双方的结婚证书并将生效的判决书寄送当地婚姻登记管理机关。

1.11　现代社会的同居问题

同居是指男女双方未办理结婚登记手续而共同生活的现实状态。事实上，随着社会风气的开放与伦理观念的转变，同居作为婚姻关系之外的一种两性关系，日常生活中早已屡见不鲜。同居在我国法律规定以及审判实践中的地位一直比较尴尬，由此引发的当事人身份地位、财产分割、子女抚养、侵犯人身权利等纠纷也一直是人民法院司法审判中的难点问题。

同居关系不属于合法婚姻关系，是不以终身共同生活为目的的临时组合。“同居”包括“非婚同居”和“重婚同居”两种类型。“非婚同居”的法律后果是：①双方不是法定夫妻，夫妻关系不被确认；②同居财产处理一般以双方协商为主，协商不成按照一般的经济规则处理。“重婚同居”的法律后果是：①涉嫌重婚罪。我国刑法第二百五十八条规定：有配偶而重婚的，或者明知他人有配偶而与之结婚的，处二年以下有期徒刑或者拘役。即无论是法律上的重婚还是事实上的重婚，按照刑法规定将会被判处二年以下有期徒刑或者拘役。②人身关系和财产关系的处理原则同“非婚同居”。故同居虽然是现代社会常见的一种生活方式，但男女之间因为一时的冲动同居可能会触犯法律，《民法典》婚姻家庭编明文禁止有配偶者与他人同居的行为，所以同居的男女双方虽然没有经过合法程序结为夫妻，但双方都应当没有配偶。根据《最高人民法院关于适用〈中华人民共和国民法典〉婚姻家庭编的解释（一）》,《民法典》规定的“与他人同居”的情形，是指有配偶者与婚外异性，不以夫妻名义，持续、稳定地共同居住。假若当事人提起诉讼仅请求解除同居关系的，人民法院不予受理；已经受理的，裁定驳回起诉。而当事人因同居期间财产分割或者子女抚养纠纷提起诉讼的，人民法院则应当受理。

1.12 现代社会的彩礼问题

作为婚姻习俗的典型形态，彩礼自初始记录于西周的《仪礼》便延续至今，成为婚姻缔结过程中不可或缺的重要仪式。约定俗成的做法均是男方向女方支付彩礼，《现代汉语词典》也将其解释为“订婚时男方送给女方的财物”[5]。

如前所述，西周时以礼制规范婚俗，聘娶婚成为主要的婚姻形态。一桩合乎礼俗的婚姻，必须要经历纳采、问名、纳吉、纳征、请期、亲迎六道重要的礼仪才宣告完成，这就是“六礼”。其中具有法律意义的礼仪是纳征。“纳征，纳聘财也”，也就是男家往女家送聘礼，俗称彩礼。彩礼在古代法律上的最基本意义是作为聘定的信物。中华人民共和国成立之后的一段时间里，彩礼和与彩礼相关的订婚和婚约都曾受到批判，一度被要求废止，但在民间始终存在。按照老百姓的理解，彩礼是指婚恋中的男方送给女方的聘礼或礼金，在女方接受彩礼之后，双方就要受到习俗的约束，不可轻废。所以说今天的彩礼虽未被法律明确认可，但其仍具有强大的社会生活惯性和广泛的群众基础。彩礼作为习惯，其内涵和方式也随着社会经济发展而不断地变化。从近 20 年的社会发展情况看，由于农村人口结构的调整、社会思想观念的变化、经济发展和人民生活水平的提高等因素，彩礼数额越来越高，彩礼名目亦不断翻新[6]，攀比之风甚烈，但其对婚姻的约束反而在降低。尤其在农村，女性“闪离”之后，并不愁嫁，相反，男性家庭因为给付高额彩礼，在离婚后，根本无力负担再娶的彩礼，导致很多社会问题的发生。诸多天价彩礼现象频频报道于新闻媒体，引起社会的广泛质疑。而一旦婚约解除或者婚姻解

[5] 中国社会科学院语言研究所词典编辑室 . 现代汉语词典 [M]. 北京：商务印书馆，1990：101.

[6] 彩礼由传统的“四大件”（彩电、冰箱、洗衣机、空调）转向“万里挑一”（礼金一万一之意）、“三斤三两”（三斤三两百元大钞），直至“万紫千红一片绿”（一万张五元纸币，一千张百元纸币，一堆五十元纸币）、“一动不动”（房子，车子）。

体，极易产生矛盾纠纷。例如根据中国青年报社社会调查中心联合问卷网，对2006名受访者进行的一项调查显示，81.0%的受访者坦言身边有待婚情侣因为彩礼数额不能达成一致而闹不和。[7]已婚夫妻之间也屡现因彩礼问题导致家庭矛盾升级的情况。2021年10月8日，甘肃天水市武山县范女士在其微博发文称，刚出生14小时的孩子被丈夫强行抱走，并称男方表示只有女方归还10万元彩礼钱，才能将孩子交给女方。[8]事情发生之后，当地公安、司法、妇联等相关部门介入，经过多方劝解，孩子父亲毛某将孩子送回到母亲范某身边。事后当地妇联联系婚姻家庭矛盾纠纷调解专业人员配合相关部门对范某与毛某之间的婚姻矛盾纠纷做好教育引导与调解工作。

记者柳姗姗与彭冰在2021年8月13日的《工人日报》第5版撰文称：8月14日是中国传统七夕节，不少农民工选择"七夕"前后回老家办婚礼。但漫天要价的彩礼、铺张浪费的婚庆仪式、形式低俗的婚闹行为给打工者的婚恋带来很多无奈。最饱受诟病的就是不断攀升的彩礼，且经济越落后的山区反而彩礼价钱越高。农村地区男多女少，不少农村姑娘进城打工后就在城里结婚安家了，农村小伙子娶媳妇越来越难。近几年彩礼价格攀升的主要原因包括男女比例失调[9]、城乡发展不均衡等，这实际上已经成为比较严峻的社会问题。

治理天价彩礼问题，需真正实现城乡均衡、融合、协同地发展，缩小城乡差距，当女性资源向外流动的幅度下降了，才能逐渐消除天价彩

[7] 杜园春．八成受访者发现身边有情侣因彩礼闹矛盾[N]. 中国青年报，2021-03-25（10）.

[8] "女法官"微信公众号．丈夫抱走孩子追讨彩礼，最新进展，2021-10-19.

[9]《中国统计年鉴2021年》的数据显示，2020年年末，男性占比51.24%。乡村方面，"分地区户数、人口数、性别比和户规模（乡村）（2020年）"数据显示，31省份乡村男女性别比（女=100）均大于100，即31省份的乡村全部男性比女性多。参见国家统计局官网．中国统计年鉴2021年[2021-11-23]. http：//www.stats.gov.cn/tjsj/ndsj/.

礼发生的根基。对此，一方面，需实施物质文明与精神文明两手抓，两手都要硬。当下天价彩礼现象屡屡出现，既说明经济水平的快速提高夯实了彩礼的物质基础，也从反面验证了社会发展的不平衡与不充分，还难以满足人民日益增长的对美好生活的需要，即党的十九大报告提出的社会主要矛盾的转化。除了开展移风易俗、文化宣传、舆论引导等精神文明建设之外，还应加快经济的高质量发展，尤其是提高女性就业能力和生育保障水平，确保正确的爱情观和婚姻观具有坚实的经济基础，进而淡化彩礼之“财”的功能，恢复“礼”的功能。

另一方面，促进城镇化、工业化与乡村振兴战略持续共同推进。实证调研结果显示，本地通婚圈的扩大不但有助于降低本地区的男女比例失衡，而且有助于纾解面子攀比、村庄竞争等非正式制度的约束，从而抑制彩礼价格的持续上涨。通婚圈与彩礼价格之间存在着反向关系，通婚圈子越小，彩礼价格越高，反之亦然。因为女性在婚姻市场处于资源稀缺的条件下，相对于本地市场，在全国市场上彩礼要价的竞争和攀比难以形成垄断效应。当下除了继续提高城镇化、工业化水平之外，还需要通过继续大力实施乡村振兴战略，促进城乡之间人力、资本、技术等资源要素的双向流通，构建城乡要素一体的市场化自由流动机制。

党和国家非常重视“天价彩礼”干扰乡风文明、扭曲婚育新风的问题，将其作为“三农工作”和乡村治理的重要内容。党中央除了2019年一号文件专门提出具体治理要求外，还印发了《新时代公民道德建设实施纲要》，要求开展移风易俗行动。国家中央文明办、卫健委、中宣部等部门多次下发文件，提倡婚事简办，反对铺张浪费、反对借婚姻索取财物等行为。倡导移风易俗，弘扬时代新风。引导人们对待彩礼，应该重礼节而非物质；应该关注彩礼所表达的心意，而非其市场价格。引导婚约男女双方增强法律意识，正确对待婚姻家庭问题，经营和睦融洽的婚姻家庭关系，减少因彩礼问题引起的矛盾纷争。当代社会的彩礼应体现出婚姻自由、男女平等的当代社会主流价值观。

关于彩礼返还问题，根据《最高人民法院关于适用〈中华人民共和国民法典〉婚姻家庭编的解释（一）》第五条的规定，当事人请求返还按照习俗给付的彩礼的，如果查明属于以下情形，人民法院应当予以支持：①双方未办理结婚登记手续；②双方办理结婚登记手续但确未共同生活；③婚前给付并导致给付人生活困难。其中适用第②种、第③种情形的，应当以双方离婚为条件。

1.13　新时代的婚俗改革

2021 年 4 月 7 日，民政部发布《民政部关于同意将河北省河间市等单位确认为全国婚俗改革实验区的批复》。同意将河北省河间市，内蒙古自治区包头市青山区、乌兰察布市集宁区，辽宁省沈阳市皇姑区，吉林省永吉县，黑龙江省哈尔滨市南岗区，江苏省南京市建邺区、东台市，河南省开封市禹王台区、宁陵县，湖南省澧县，广东省广州市，重庆市大足区，四川省成都市武侯区，陕西省宝鸡市金台区等单位确认为全国婚俗改革实验区，实验为期三年。全国婚俗改革实验区需围绕婚俗改革试点主题，积极培育和践行社会主义核心价值观，大力推进婚姻领域移风易俗，传承发展中华优秀婚姻家庭文化，倡导全社会形成正确的婚姻家庭价值取向，遏制婚俗不正之风，不断提升全社会文明程度和群众精神风貌，为推进婚俗改革提供鲜活样板。

广州市被民政部确认为全国婚俗改革实验区之后，广东省民政厅深入贯彻落实民政部《关于开展婚俗改革试点工作的指导意见》，把推动婚俗改革摆上重要议事日程，确定了东莞市、珠海市香洲区、汕头市澄海区、云浮市云城区为全省婚俗改革实验区，推进试点工作全面铺开，大力推进婚姻领域移风易俗。各试点地区民政部门围绕婚俗改革试点主题，通过成立工作专班、出台实施方案、形成协调机制、召开推进会议、强化宣传引导、优化服务环境、提高服务质量、创新服务内容等一系列有力措施，找准婚俗改革与经济社会发展、社会治理、文明建设的结合点，创新工作思路和方法，大力推进婚姻领域移风易俗，传承发展中华优秀婚姻家庭文化，促进家庭幸福、社会和谐。目前，各试点地区已初见成效，为全省婚俗改革注入了鲜活动力，提供了新思路。

如广州市构建全国婚姻服务创新综合平台，全面统筹推进婚俗改革。以构建全国婚姻服务创新综合平台为重点，明确婚俗改革任务，统筹各部门各单位共同推动建设集婚姻登记、婚姻家庭辅导、婚庆婚礼服务和婚姻文化研究、婚姻家庭文化宣传为一体的全国婚俗改革实验区，全力打造具有广州特色婚俗改革样板。整合民政、司法、工青妇联等职能部门及群众团体组织资源，在婚姻登记处成立“家庭驿站”，线上线下同步开展婚姻家庭辅导、家事调解、志愿者服务和家风家教建设活动。

东莞市开展特色颁证服务、特色集体婚礼、特色主题活动。推行特色颁证服务方面，结合全市婚姻登记机关升级改造，设置具有东莞特色的颁证厅，普及免费颁证服务。在特殊的日子，精心组织邀请领导、社会名人、金婚夫妇等颁证。根据新人需求，提供证婚服务，增加新人互换信物、感恩父母、全家合影等环节。举办特色集体婚礼。着眼简约文明、喜庆热烈、绿色时尚，不断创新、完善集体婚礼的形式、内容与流程，倡导体现优秀中华文化的传统婚礼，倡导具有强烈时代气息的现代婚俗。

珠海市香洲区婚姻登记处于2019年底搬迁至香山湖公园，采用中西结合的装修风格，打造全市最美婚姻登记处，现已化身为年轻人的“网红打卡地”。提升婚姻登记信息化建设，全面配置集高拍、人像采集、身份信息读取、指纹识别、人证合一比对等多功能一体的智能化设备。重视发挥社区教育作用，将喜事新办简办、家风家教建设等内容纳入社区居民公约。汕头市澄海区念好“简、爱、和、美”四字口诀，强化婚俗新风宣传。

云浮市云城区融合地方产业特色，传承发展中华优秀婚姻家庭文化。云城区民政局婚姻登记处新建成“婚俗文化展示厅”，展厅布局参照古代拜堂的“礼堂”，里面陈列了从民国至今不同时期、不同民族的结婚证。领完证的新人们一同参观并接受来自古代婚俗文化的洗礼。

深圳市盐田区婚姻登记处举办“百年婚书”展览，近千份从清末民初，到抗战建国，再到新时期的婚书首次亮相盐田区文化中心，让大家从古老珍重的“一纸婚书”里，重拾“从前慢”的爱情与诗意，多维度、多角度展示中国婚恋文化的传承与变迁。[10]

[10] 马泽望 、叶金鑫、吴楚媚:《广东婚俗改革做得怎样？这些实验区交出“成绩单”》（2021-08-14），由“九派新闻”官方账号转载《信息时报》[2021-11-20]. https : // baijiahao.baidu.com/s?id=1708078515463077019&wfr=spider&for=pc.

2

相亲相爱一家人

2.1 主题词：家庭关系

对于每一个人来说，家都是最温暖的港湾。这种对家庭天生的依赖感不仅仅来源于长时间的相处，更来源于家庭成员以及亲属之间彼此的呵护和奉献。亲属的范围，是指法律意义上的亲属范围，即负有法律上的权利和义务的亲属范围。我国《民法典》第一千零四十五条规定：亲属包括配偶、血亲和姻亲。配偶、父母、子女、兄弟姐妹、祖父母、外祖父母、孙子女、外孙子女为近亲属。配偶、父母、子女和其他共同生活的近亲属为家庭成员。

家庭关系是指基于婚姻、血缘或法律拟制而形成的一定范围内亲属之间的权利义务关系，主要包括：①夫妻关系（夫妻人身关系和夫妻财产关系）。②父母子女关系（婚生父母子女关系、非婚生父母子女关系、养父母子女关系和形成抚养教育关系的继父母子女关系）。婚姻关系存续期间妻子所生育的子女为婚生子女，父母与婚生子女之间的关系为婚生父母子女关系。婚生子女是男女双方在依法确立婚姻关系后所生育的子女，而非婚生子女则是在依法确立婚姻关系前或婚外行为所生的子女，如同居、婚前性行为、姘居、通奸甚至被强奸后所生的子女。非婚生子女享有与婚生子女同等的权利，任何人不得加以危害和歧视。养父母子女关系属于拟制血亲的父母子女关系，可以因一方的死亡而终止，也可以因所拟制的亲属关系依法解除而终止。在收养关系解除后，养父母与养子女间的父母子女关系自然解除。继父母与继子女的关系是由于生父、生母一方死亡后另一方再婚或者父、母离婚后再婚形成的。我国《民法典》规定，继父母与继子女之间不得虐待或歧视，受继父母抚养教育的继子女与继父母之间的权利义务关系与婚生父母子女之间的权利义务相同。③兄弟姐妹关系。有负担能力的兄、姐，对于父母已经死亡或父母无力抚养的未成年的弟、妹，有扶养的义务。由兄、姐扶养长大的有负担能力的弟、妹，对于缺乏劳动能力又缺乏生活来源的兄、姐，有扶养的义务。④祖父母（外祖父母）和孙子女（外孙子女）之间的关系。有负担能力的祖父母、外祖父母，对于父母已经死亡或父母无力抚养的未成年的孙子女、外孙子女，有抚养的义务。有负担能力的孙子女、外孙子女，对于子女已经死亡或子女无力赡养的祖父母、外祖父母，有赡养的义务。

2.2 我爱我家（亲属制度）

亲属制度是社会制度的重要组成部分，是婚姻家庭法的重要内容。亲属制度既包括亲属、亲系、亲等等一系列与亲属有关的界定或说明，也包括亲属关系的发生和消灭、亲属关系远近的计算方法（如我国古代的五服丧服制度和现代的代数计算方法），以及亲属关系的效力（如亲属在民法、刑法、诉讼法、劳动法等法律规范中产生的不同的法律效力）。“亲属”这个词在古代是分开来解释的，如《礼记·大传》里写道：“亲者，续也。”东汉经学家刘熙在《释名·释亲属》中称：“亲者，衬也，言相隐衬也”，“属，续也，恩相连属也。”现代意义上的“亲属”是指基于婚姻、血缘和法律拟制而形成的具有权利义务内容的社会关系。基于亲属的自然属性和社会属性，可把亲属分为生物学上的亲属和法律意义上的亲属。生物学上的亲属泛指由婚姻和血缘所连接的一切具有血缘同源性、姻缘相关性的人与人之间的关系。法律意义上的亲属是指受法律调整，由法律确认权利义务关系的亲属。亲属不同于家属，家属是家长的对称。我国古代实行家长制，每一个家庭都有一个家长，除家长之外，其他的家庭成员均被称为家属，包括家长的妻子和儿女等。亲属与家属的主要区别在于：亲属的范围要远远大于家属，亲属不一定是家属。亲属也不等同于家庭成员，家庭成员是指同居一家共同生活并互有权利义务的亲属。

我国古代根据宗法制度，以男系为中心，将亲属分为宗亲、外亲和妻亲三类。宗亲是指出自同一祖先的父系男性血亲和其配偶，以及“在室女”。外亲是指与女系血统相联系的亲属，包括外祖父母、舅、姨、姨表兄弟姐妹、出嫁姑、出嫁女等。妻亲是指以妻子为中介联络的亲属，包括妻子的父母与妻子的兄弟姐妹等。现代婚姻家庭法基于男女平等原则，以亲属关系的发生原因为标准，将亲属分为配偶、血亲和姻亲。配偶即夫妻，是指男女双方因结婚而形成的亲属关系。在婚姻关系存续期间，夫妻互为配偶。配偶关系是血亲和姻亲关系的基础和源泉，没有配偶关系就没有其他两种亲属关系。配偶在亲属关系中居于核心位置，具有承上启下和牵线搭桥的作用。血亲是指相互之间具有血缘关系的亲属，有自然血亲和拟制血亲之分。自然血亲是指出自同一祖先，有血缘联系的亲属。拟制血亲是指相互之间本无该种血亲应当具有的血缘关系，但法律确认其与该种血亲具有相同的权利义务关系的亲属。我国《民法典》确认的拟制血亲有两类：①养父母与养子女之间以及养子女与养父母的其他近亲属之间为拟制血亲；②在事实上形成了抚养教育关系的继父母与继子女之间为拟制血亲。姻亲是指因婚姻关系而产生的亲属，包括：①血亲的配偶。即己身血亲的配偶，如儿媳、女婿。②配偶的血亲。即己身配偶的血亲，如公婆、岳父母。③配偶的血亲的配偶。即己身配偶的血亲的配偶。如妯娌、连襟。

亲系是指亲属间的世代联系。以亲系为标准，可以把亲属分为男系亲和女系亲、父系亲和母系亲、直系亲和旁系亲。男系亲是指以男子为中介而联系的亲属，女系亲是指以女子为中介而联系的亲属。父系亲是指以父亲为中介而联系的亲属，母系亲是指以母亲为中介而联系的亲属。直系亲分为直系血亲和直系姻亲。直系血亲是指有直接血缘联系的亲属，包括生育自己的和由自己所生育的血亲，如父母子女。直系姻亲则包括配偶的直系血亲和直系血亲的配偶，如家公家婆、岳父岳母、儿媳女婿。旁系亲分为旁系血亲和旁系姻亲。旁系血亲是指彼此之间具有间接的血缘联系的亲属，如兄弟姐妹。旁系姻亲包括旁系血亲的配偶（如姐夫弟媳）、配偶的旁系血亲（如小叔子小姑子、小姨子小舅子）、配偶的旁系血亲的配偶（如妯娌连襟）。

我国 1950 年《婚姻法》、1980 年《婚姻法》、2001 年《婚姻法》修正案、2020 年《民法典》婚姻家庭编都没有规定亲等制度，但是在禁止结婚的条件中使用了“代”的概念。可见，我国婚姻家庭法律制度以“代”来表明亲属关系的亲疏远近。1980 年《婚姻法》规定：禁止三代以内的旁系血亲结婚。2001 年《婚姻法》修正案、2020 年《民法典》婚姻家庭编继续沿用了这一规定。这里所说的“代”，就是我国法律规定的计算亲属关系亲疏远近的单位。一般代数小的比代数大的亲属关系亲近。代是指辈份，以一辈为一代。计算亲属的代数分为直系血亲和旁系血亲两个方面：①直系血亲的计算。从己身开始，己身为一代，往上或往下数。往上至父母为两代直系血亲，往上至祖父母、外祖父母为三代直系血亲。往下至子女为两代直系血亲，往下至孙子女、外孙子女为三代直系血亲。以此类推。②旁系血亲的计算。首先找出同源直系血亲，按照直系血亲的计算方法，从己身往上数至同源直系血亲，记下代数；再从同源直系血亲往下数至要计算的旁系血亲，记下代数。如果两边的代数相同，即以此数字定其代数。如果两边的代数不同，则取代数大的一边数字定代数。如我和舅舅的儿子同源于外祖父母，属于三代以内的旁系血亲关系。

三代以内的旁系血亲，是指同源于己身的祖父母、外祖父母的旁系血亲。其范围包括伯、叔、姑、舅、姨、兄弟姐妹、堂兄弟姐妹、表兄弟姐妹、侄子侄女、外甥及外甥女。超过这一范围的亲属，就不属于三代以内的旁系血亲。如我和舅舅的孙子同源于我的外祖父母（舅舅孙子的曾祖父母），属于四代以内的旁系血亲关系。五代以内的旁系血亲，是指同源于已身的高祖父母、外高祖父母的旁系血亲。其范围较广，在三代以内的旁系血亲基础上，再向上溯两代的旁系血亲。如我和舅舅的曾孙子同源于我的外祖父母（舅舅曾孙子的高祖父母），属于五代以内的旁系血亲关系。五代以内的直系血亲与旁系血亲关系如下图所示。

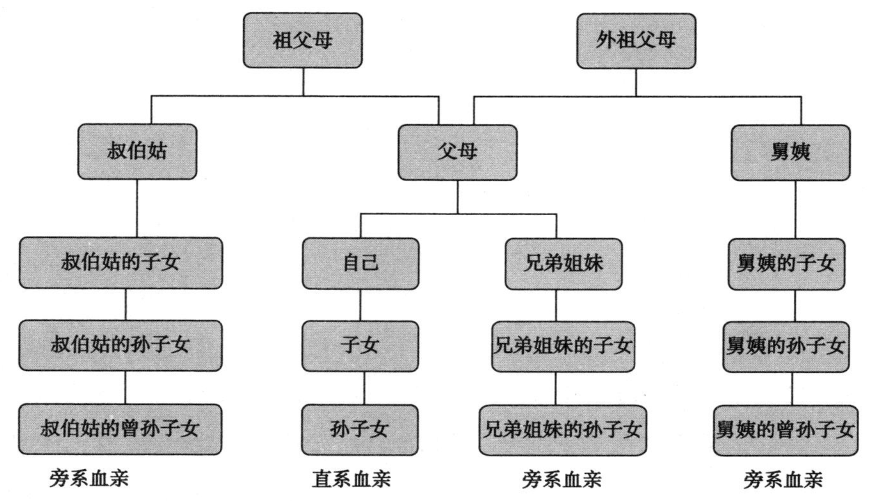

中国古代根据丧服的等级来区别亲属关系的亲疏远近。亲者、近者则丧服重，疏者、远者则丧服轻。服制的等级，起着类似亲等的作用。丧服五等，轻重有别：①第一等，斩衰，系三年之服。例如：子及在室女为父母；嫡孙为祖父母；妻为夫；为斩衰之服。②第二等，齐衰，细分之下有杖期、不杖期、五月、三月之区别。例如：嫡子为庶母；夫为妻（父母不在时）；乃齐衰杖期之服。孙为祖父母；出嫁女为父母；乃齐衰不杖期之服。曾孙、曾孙女为曾祖父母，乃齐衰五月之服。玄孙、玄孙女为高祖父母，乃齐衰三月之服。③第三等，大功，系九月之服。例如：妻为夫之祖父母，乃大功之服。④第四等，小功，系五月之服。例如：己身为伯叔祖父母、堂伯叔父母，乃小功之服。⑤第五等，缌麻，系三月之服。例如：夫为妻之父母，乃缌麻之服。

亲属关系依法产生一定的法律效力，这是亲属关系在社会生活、婚姻家庭生活中的地位和作用的体现。亲属关系在婚姻家庭法上的效力包括扶养效力、继承效力、共同财产效力、承担禁婚效力、民事责任效力以及忠实与尊重的效力。亲属关系在民法上的效力包括法定代理效力、监护效力以及对失踪人、精神病人的申请宣告效力。亲属关系在刑法上的效力包括犯罪构成效力以及告诉、和解的效力。亲属关系在诉讼法上的效力包括回避效力、辩护和代理效力、上诉与申诉的效力、申请执行效力。亲属关系在劳动法上的效力包括：①劳动者死亡后，其遗属依法享受遗属津贴。死者生前供养的直系血亲可领取一次性抚恤费或定期、不定期的生活困难补助费。②与配偶分居两地的在国家机关、人民团体和全民所有制企事业单位工作满一年的固定职工，与父母分居两地的职工，享有探亲权，探亲期间享有一系列的福利待遇。亲属关系在国籍法上的效力包括一定的亲属关系是取得一国国籍的前提条件，而一定的亲属关系则是可以申请退出中国国籍的前提条件。

2.3 夫妻关系的典范——举案齐眉

“举案齐眉”里的“案”是托盘的意思。“举案齐眉”这个成语形容夫妻之间的互相尊敬。根据《后汉书·梁鸿传》记载，东汉有一位非常有才的学者叫做梁鸿，原籍平陵，虽家境贫穷，但品德高尚，很多女子都想嫁给他，却被梁鸿一一谢绝。有一个叫孟光的女子，虽然长得又矮又丑，又黑又胖，而且力气极大，能把石臼轻易地举起来，但是品行修养非常好，她拒绝了许多人的登门求婚，一心只想嫁给梁鸿。梁鸿也看上了孟光端正的人品和良好的品德修养，完全不计较她的长相。于是孟光在 30 多岁的时候如愿以偿嫁给了梁鸿。婚后梁鸿与孟光夫妻隐居到霸陵山中，靠种地和织布为生。夫妻互相尊重，日子过得相当和睦。后来因梁鸿的一首诗触犯了当朝皇帝汉章帝，夫妻俩不得不流落到吴中。两人共同劳动，仍然互助互爱，相敬如宾。每天梁鸿辛苦地帮人干完活回到家里，孟光总是低着头，把准备好的饭菜用托盘举到跟眉毛平齐的高度，恭恭敬敬地请丈夫用餐。梁鸿对待妻子亦非常尊敬和爱护。梁鸿与孟光夫妇颇得后人称颂，人们称赞好夫妻往往就比作“梁孟”。“举案齐眉”这个成语，也随着梁鸿和孟光的故事流传了下来。

2.4 忠诚协议

夫妻忠诚协议是指夫妻双方在婚前或婚后达成的、要求在婚姻关系存续期间违反忠实义务的一方必须实施一定行为的约定[11]。在现实生活中，经常会出现夫妻在婚姻关系存续期间签署忠诚协议的情形。例如夫妻双方约定：“双方应互敬互爱，对家庭、配偶、子女要有道德感和责任感。若一方在婚姻关系存续期间因为道德品质问题，出现了背叛另一方的不道德行为（婚外情），要赔偿对方名誉损失及精神损失费 50 万元。”在签署忠诚协议之后，如果一方发现另一方有出轨行为的，能否以另一

[11] 刘加良．夫妻忠诚协议的效力之争与理性应对 [J]. 法学论坛，2014（4）：101-108.

方违反忠诚协议的规定为理由向人民法院起诉请求判决另一方支付名誉损失及精神损失费50万元呢？《民法典》第一千零四十三条规定：家庭应当树立优良家风，弘扬家庭美德，重视家庭文明建设。夫妻应当互相忠实，互相尊重，互相关爱；家庭成员应当敬老爱幼，互相帮助，维护平等、和睦、文明的婚姻家庭关系。《民法典》的该条规定也被视为婚姻家庭法的第五项基本原则。

关于夫妻在婚姻关系存续期间签署忠诚协议是否有效的问题，最高人民法院在《中华人民共和国民法典婚姻家庭编继承编理解与适用》一书中明确：夫妻之间签订忠诚协议，应由当事人本着诚实信用原则自觉自愿履行，法律并不禁止夫妻之间签订此类协议，但也不赋予此类协议强制执行力，从整体社会效果考虑，人民法院对夫妻之间的忠诚协议纠纷以不受理为宜。理由如下：①如果法院受理此类忠诚协议纠纷，主张按忠诚协议赔偿的一方当事人，既要证明协议内容是真实的，没有欺诈、胁迫的情形，又要证明对方具有违反忠诚协议的行为，可能导致为了举证而去捉奸，为获取证据窃听电话、私拆信件，甚至对个人隐私权更为恶劣的侵犯情形都有可能发生，夫妻之间的感情纠葛可能演变为刑事犯罪案件，其负面效应不可低估。②赋予忠诚协议法律强制力的后果之一，就是鼓励当事人在婚前签订一个可以“拴住”对方的忠诚协议，这不仅会加大婚姻成本，而且也会使建立在双方情感和信任基础上的婚姻关系变质。③忠诚协议实质上属于情感、道德范畴，当事人自觉自愿履行当然极好，如违反忠诚协议一方心甘情愿净身出户或者赔偿若干金钱，为自己的出轨行为付出经济上的代价。但是如果一方不愿履行，不应强迫其履行忠诚协议。[12]

[12] 最高人民法院民法典贯彻实施工作领导小组．中华人民共和国民法典婚姻家庭编继承编理解与适用 [M]. 北京：人民法院出版社，2020：37.

在2019年度江苏法院婚姻家庭十大典型案例:“李某与马某离婚纠纷案”[13]中,李某(男)与马某(女)于2012年登记结婚并生有一女。婚后李某与婚外异性罗某存在不正当男女关系,导致罗某两次怀孕。2017年1月,李某与马某签订婚内忠诚协议一份,约定今后双方互相忠诚,如因一方过错行为(婚外情等)造成离婚,女儿由无过错方抚养,过错方放弃夫妻名下的所有财产,并补偿无过错方人民币20万元。签订忠诚协议之后,李某仍与罗某保持交往,罗某于2017年7月产下一子。李某诉至法院要求离婚,马某同意离婚并主张按照婚内忠诚协议的约定来处理子女抚养和夫妻共同财产分割问题。一审法院经审理认为,李某与马某夫妻感情确已破裂,应准予离婚。上述协议中,关于子女的抚养约定因涉及身份关系,应属无效;关于财产分割及经济补偿的约定,系忠诚协议,不属于《民法典》生效之前的《婚姻法》第十九条规定的夫妻财产约定情形,马某主张按照婚内忠诚协议处理子女抚养及财产分割无法律依据,但考虑到李某在婚姻中的明显过错等因素,应对无过错的马某酌情予以照顾。综合考虑孩子的成长经历、双方收入水平、家庭财产来源等情况,判决女儿随马某共同生活,并由马某分得夫妻共同财产的70%。一审判决之后,李某、马某均提起上诉。二审法院驳回上诉,维持一审原判。该案表明:夫妻之间订立的忠诚协议应由当事人自觉自愿履行,法律并不赋予其强制执行力,也不支持以忠诚协议作为分割夫妻共同财产或确定子女抚养权归属的依据。换言之,“忠诚协议”本质上属于情感与道德范畴,当事人自觉自愿履行当然好,如果一方不愿意履行,法律不会加以强制。

[13]“江苏高院”微信公众号.省法院、省妇联联合发布2019年度江苏法院婚姻家庭十大典型案例.2020-3-5.

2.5 夫妻本是同林鸟，债务面前如何分

刘女士的丈夫黎先生于 2012 年 3 月与邝先生发生有色金属买卖交易，收下货款本金 510 多万元。因黎先生一直没履行买卖协议，邝先生于 2017 年 8 月把黎先生夫妻一起告到广东省佛山市南海法院。南海法院一审判决，案涉债务属于夫妻共同债务，刘女士应对债务承担共同清偿责任。一审判决之后，刘女士不服，向佛山市中级人民法院提出上诉。刘女士表示，丈夫做生意的收入仅用于丈夫自己的个人开销，维持家庭开支靠的是刘女士自己打工赚取的工资收入，在邝先生起诉之前，刘女士对丈夫的生意往来毫不知情。刘女士上诉后，佛山中院围绕本案争议焦点“刘女士应否对案涉债务承担清偿责任”对案件进行终审。佛山中院经审理查明，本案所涉债务金额明显超出家庭日常生活需要，且邝先生未能证明该债务系由黎先生和刘女士的共同生产经营行为所产生。根据《最高人民法院关于审理涉及夫妻债务纠纷案件适用法律有关问题的解释》第三条：夫妻一方在婚姻关系存续期间以个人名义超出家庭日常生活需要所负的债务，债权人以属于夫妻共同债务为由主张权利的，人民法院不予支持，但债权人能够证明该债务用于夫妻共同生活、共同生产经营或者基于夫妻双方共同意思表示的除外。佛山中院终审判决，撤销刘女士对丈夫黎先生债务承担共同清偿责任的判决。[14] 佛山中院二审判决的依据是 2018 年 1 月 18 日起施行的《最高人民法院关于审理涉及夫妻债务纠纷案件适用法律有关问题的解释》（该司法解释于 2021 年 1 月 1 日失效）。《民法典》吸纳了夫妻“共债共签”的司法解释。《民法

[14]“佛山中院”微信公众号 . 佛山一男子欠债 500 多万，妻子却一分钱不用还！咋回事 . 2018-4-16.

典》第一千零六十四条规定：夫妻双方共同签名或者夫妻一方事后追认等共同意思表示所负的债务，以及夫妻一方在婚姻关系存续期间以个人名义为家庭日常生活需要所负的债务，属于夫妻共同债务。夫妻一方在婚姻关系存续期间以个人名义超出家庭日常生活需要所负的债务，不属于夫妻共同债务；但是，债权人能够证明该债务用于夫妻共同生活、共同生产经营或者基于夫妻双方共同意思表示的除外。

《民法典》第一千零六十四条的规定明确了夫妻共同债务的范围，界定夫妻共同债务需“共债共签”，防止夫妻一方“被负债”的情形。该规定对夫妻共同债务范围的认定更加严格，并合理配置了举证责任，较好地保护了夫妻一方的合法财产权益。所谓“共债共签”是指夫妻双方共同签字或者夫妻一方事后追认等共同意思表示所负的债务，以及夫妻一方在婚姻关系存续期间以个人名义为家庭日常生活需要所负的债务，属于夫妻共同债务。夫妻一方在婚姻关系存续期间以个人名义超出家庭日常生活需要所负的债务，不属于夫妻共同债务；但是，债权人能够证明该债务用于夫妻共同生活、共同生产经营或者基于夫妻双方共同意思表示的除外。“家庭日常生活需要”通常情况下是指必要的家庭日常消费，主要包括正常的衣食消费、日用品购买、子女教育、老人赡养等各项费用，这些都是维系一个家庭正常生活所必需的开支。比如说一个家庭的年收入为10万元，但是配偶单方面贷款购置了一辆上百万元的跑车，显然这并非家庭日常生活的需要。此外，夫妻一方与第三人串通所虚构的债务以及夫妻一方在从事赌博、吸毒等违法犯罪活动中所负的债务均不属于夫妻共同债务的范畴。

在夫妻日常生活中还会遇到这样一种情况，就是夫妻一方透支信用卡造成大额欠款，如果银行追债或者双方离婚了，信用卡的卡债该由谁来偿还？信用卡的卡债是一方个人债务还是夫妻共同债务？在现实生

活中，夫妻双方信用卡的卡债的界定问题是困惑人们的一个难题。根据《民法典》第一千零六十二条的规定："夫妻在婚姻关系存续期间所得的下列财产，为夫妻的共同财产，归夫妻共同所有：①工资、奖金、劳务报酬；②生产、经营、投资的收益；③知识产权的收益；④继承或者受赠的财产，但是本法第一千零六十三条第三项规定的除外；⑤其他应当归共同所有的财产（包括：一方以个人财产投资取得的收益；男女双方实际取得或者应当取得的住房补贴、住房公积金；男女双方实际取得或者应当取得的基本养老金、破产安置补偿费）"。以及《民法典》第一千零六十三条的规定："下列财产为夫妻一方的个人财产：①一方的婚前财产；②一方因受到人身损害获得的赔偿或者补偿；③遗嘱或者赠与合同中确定只归一方的财产；④一方专用的生活用品；⑤其他应当归一方的财产（夫妻一方个人财产在婚后产生的孳息和自然增值的收益）"，还有《民法典》第一千零六十四条关于"夫妻共同债务需共债共签""债权人债务人举证责任的分配"的规定，信用卡的卡债该由谁来承担的问题，可以分以下几种情况：①如果夫妻一方所欠信用卡债务是用于家庭共同生活、共同经营，那么属于夫妻共同债务，双方在夫妻共同财产的范围内有偿还责任；②如果夫妻一方的信用卡债务发生在结婚登记之前，那么是其个人债务，另一方不承担还款责任；③如果夫妻之间关于婚姻关系存续期间的财产分配和归属有约定：各自的财产归各自所有，各自的债务各自承担，那么，其中一方的信用卡卡债，另一方无须承担还款责任；当然，夫妻承担债权人知道该约定的举证责任。④如果夫妻一方信用卡的卡债是用于其个人开支或者从事非法活动，比如赌博、放高利贷等，另一方无需承担偿还责任。⑤夫妻一方婚后以个人名义所负超出家庭日常生活范围的债务，但是基于夫妻共同利益管理产生的，为夫妻共同债务。由债权人负责举证证明。⑥夫妻一方婚后以个人名义所负超出家庭日常生活范围的债务，但是由夫妻双方共同决定生产、经营事项产生的（一般包括双方共同从事工商业、购买生产资料所负的债务以及共同从事投资或者其他金融活动等）为夫妻共同债务。由债权人负责举证证明。⑦夫妻一方婚后以个人名义所负超出家庭日常生活范围的债务，夫妻共同消费支配的，为夫妻共同债务。由债权人负责举证证明。⑧夫妻一方婚后以个人名义所负超出家庭日常生活范围的债务，形成夫妻共同财产的，为夫妻共同债务。由债权人负责举证证明。

2.6 不要和陌生人说话

家庭暴力是一个在现代社会越来越被频繁提及的词汇。近几年有一句很流行的话就是“家暴只有零次和无数次”，意思是说有了第一次家暴，就极有可能出现第二次、第三次乃至于无数次。其实准确的描述应该是：如果第一次暴力行为得不到有效的制止，就可能出现更进一步的暴力。《不要和陌生人说话》是中国第一部直面反映家庭暴力的影视作品，2001 年 10 月 22 日在南京电视台新闻综合频道播出。著名演员冯远征主演的“家暴男”安嘉和成为很多“80 后”和“90 后”的童年阴影。这部电视剧甚至由于影响了很多人的婚姻观而备受争议。2020 年 9 月，网络红人四川姑娘拉姆在直播中遭前夫唐路泼油纵火。被送至医院后，医院直接就下达了病危通知书，写明拉姆“全身重度烧伤，低血容量性休克，左耳部刀伤”。两周之后美丽的姑娘拉姆伤重不治离世，香消玉殒，让人不胜唏嘘！根据中国检察网 2020 年 12 月 12 日消息，2020 年 12 月 10 日，四川省金川县人民检察院依法以涉嫌故意杀人罪对嫌疑人唐路批准逮捕。2021 年 10 月 14 日，四川省阿坝藏族羌族自治州中级人民法院对被告人唐路故意杀人案进行了公开开庭审理并当庭宣判，认定唐路犯故意杀人罪，判处死刑，剥夺政治权利终身；赔偿因犯罪行为给附带民事诉讼原告人造成的物质损失[15]。拉姆案属于家暴案件的极端案例，该案警示，家庭暴力绝非家庭私事，家庭关系不应成为暴力行为的挡箭牌，亲密关系更非家庭暴力的保护伞。“家暴是家庭中不可避免的矛盾”“受暴者自己也有过错”“家暴是个人隐私”“为了孩子要忍耐，不能离婚”，这些观点全部都是关于家暴的误区，家暴犯罪行为必将受到法律的严惩。提起家暴，很多人下意识想到的就是丈夫对妻子施加暴力（当然占据“家暴”事例的大多数）。事实上“家暴”的范围极其广泛，任何家庭成员之间的暴力行为均属家庭暴力。而且《反家庭暴力法》保护的对象除了家庭成员之外，对于家庭成员以外共同生活的人，比如同居的男女朋友，同样有效。监护、寄养、同居、离异等关系的人员之间发生的暴力均被纳入到家庭暴力范围之中，受到法律约束。

2.7 家庭暴力不是家事私事，需强化公民人格权保护

家庭暴力是指发生在家庭内部的某一家庭成员侵犯其他家庭成员人身权利的暴力行为。《中华人民共和国反家庭暴力法》（简称《反家庭暴力法》）于2015年12月27日由第十二届全国人民代表大会常务委员会第十八次会议通过，自2016年3月1日起施行。《反家庭暴力法》第二条规定：“本法所称家庭暴力，是指家庭成员之间以殴打、捆绑、残害、限制人身自由以及经常性谩骂、恐吓等方式实施的身体、精神等侵害行为。”目前实际生活中的家庭暴力主要有以下表现形式：①身体暴力：包括对身体的各个部位施加的攻击行为，比如推搡、拳打脚踢、咬人、拧

[15] 新华社成都10月14日电（记者 吴光于）．“拉姆”遭前夫泼汽油致死案被告人被判死刑[N]. 中国妇女报，2021-10-15（2）．

拽、打耳光、揪头发，或者使用器物伤害对方的身体，比如用烟头烫、用皮带抽打或者刀扎；②精神暴力：通过辱骂、贬低、恐吓、诽谤等方式，直接影响对方的自尊心和自信心、使用故意冷淡或者拒绝沟通、不允许对方和外界接触、有病不给治疗、不肯离婚等手段对对方进行精神折磨，强迫对方做不愿意做的事情；③性暴力：在对方非自愿情况下，用暴力手段威胁对方发生性关系，或残害对方的性器官等性侵犯行为；④经济控制：通过对家庭中的金钱财物、交通工具、食物、衣服和住房的控制，限制对方的行动自由和意志自由，造成对方人身和精神上的依赖，达到控制对方的目的。譬如某些全职家庭主妇，因为丈夫掌握家中的经济大权，每月只向妻子发放有限的“生活费”，妻子所花费的每一分钱都需要向丈夫“对账”，若有出入，就会遭到冷言冷语，甚至下个月的“生活费”能否到账都会成为未知数。长期的经济依附往往严重影响妻子正常的社会交往，精神受到极大的压抑，这就是典型的经济控制类型的家暴。我国《反家庭暴力法》明确规定，“国家禁止任何形式的家庭暴力”。

很多人困惑如何区分家庭暴力与一般夫妻之间的矛盾纠纷？家庭暴力与一般夫妻纠纷的本质区别在于，家庭暴力的核心是控制。加害者客观上往往有通过身体或者经济等手段伤害受害者的行为，主观上则存在迫使受害者因恐惧对其屈从或者顺服的故意。其最终目的就是通过各种暴力手段控制受害者。一般夫妻纠纷是在日常生活当中因为生活琐事等各种原因而产生的夫妻之间的摩擦（包括争吵、冷战、轻微暴力等），但是一般夫妻纠纷通常是偶发性的，一方完全没有控制另一方的主观故意，这与家庭暴力存在着本质上的区别。

在福建省莆田中院一个被最高人民法院评为典型的家暴案例里，精神暴力首次被纳入家庭暴力范畴。原告郑某丽与被告倪某斌于 2009 年 2

月 11 日登记结婚，2010 年 5 月，原告与被告生育男孩倪某某。在共同生活期间，双方常因家庭琐事发生争吵，丈夫经常击打一个用白布包裹的篮球，白布上面写着“我要打死郑某丽、打郑某丽”的字句。2011 年 2 月 23 日，原告与被告因家庭琐事再次发生激烈争执，丈夫殴打妻子，致使原告轻微伤。法院认为，原告郑某丽与被告倪某斌婚前缺乏了解，草率结婚。婚后被告将一个裹着白布的篮球挂在家中的阳台上，且在白布上写着对原告具有攻击性和威胁性的字句，还经常拳击篮球，从视觉上折磨原告，该行为构成精神暴力；在夫妻发生矛盾时，被告倪某斌又对原告实施身体暴力，最终导致了夫妻感情完全破裂。[16]

遭受家庭暴力，受害人有权提出请求，居民委员会、村民委员会以及所在单位应当予以劝阻和调解。对于正在实施的家庭暴力，受害人有权提出请求，居民委员会、村民委员会应当予以劝阻；公安机关应当予以制止。遭受家庭暴力，受害人提出请求的，公安机关应当依照治安管理处罚的法律规定对加害人处以行政处罚。《反家庭暴力法》第十三条规定：“家庭暴力受害人及其法定代理人、近亲属可以向加害人或者受害人所在单位、居民委员会、村民委员会、妇女联合会等单位投诉、反映或者求助。有关单位接到家庭暴力投诉、反映或者求助后，应当给予帮助、处理。”“家庭暴力受害人及其法定代理人、近亲属也可以向公安机关报案或者依法向人民法院起诉。”“单位、个人发现正在发生的家庭暴力行为，有权及时劝阻。”《反家庭暴力法》第十五条规定：“公安机关接到家庭暴力报案后应当及时出警，制止家庭暴力，按照有关规定调查取证，协助受害人就医、鉴定伤情。”“无民事行为能力人、限制民事行为能力人因家庭暴力身体受到严重伤害、面临人身安全威胁或者处于无人照料

[16] 陈丽明 . 国际反家暴日，精神暴力首次纳入家庭暴力 .http：//www.mnw.cn/news/pt/1040917.html. 2021-9-8.

等危险状态的，公安机关应当通知并协助民政部门将其安置到临时庇护场所、救助管理机构或者福利机构。”

一般来说，妇女因遭受家庭暴力起诉离婚需提供如下证据：①丈夫实施家庭暴力时，居委会、村委会、妇联等相应机构出面制止、劝阻而制作的书面材料。②公安机关的出警记录与询问笔录是认定一方当事人实施家庭暴力的重要证据。③当事人的子女和邻居所出具的证言是认定一方实施家庭暴力的有力证据。④属于间接证据的视听资料不能单独或者直接证明案件事实，需要法院审查核实，还需要同其他的证据相互印证，才能组成一个证据链被认可。⑤加害人在诉讼前出于愧疚、维持婚姻关系等原因向受害方出具的《悔过书》、《保证书》等可以作为妇女遭受家庭暴力的书面证据。

根据“广州女性”微信公众号2021年8月27日的报道，丈夫陈先生前往广东省妇女维权与信息服务站（广州站）求助解决妻子的家庭暴力问题。陈先生描述，其妻黄某性格比较暴躁，长期辱骂丈夫、婆婆和孩子。近日，由于家中琐事，黄某与婆婆再次发生争执，黄某辱骂婆婆，导致婆婆气晕摔倒在地上。经医生抢救，陈先生母亲苏醒并被确诊为轻微脑梗。作为丈夫的陈先生对于妻子的行为苦恼不已并且束手无策。事实上，根据《中华人民共和国反家庭暴力法》相关规定，长期以“经常性谩骂等方式实施精神侵害的行为”也属于家庭暴力。如果家婆与儿媳因家庭琐事争执，儿媳辱骂婆婆导致婆婆住院这一行为，因属于偶发事件，并非具有“长期、持续”侵害行为的特点，不宜单独定性为“家庭暴力”。但是，假若儿媳“长期辱骂”的行为构成家庭暴力，则可以根据其行为的具体情节、后果、影响等不同情况给予治安管理处罚或依法追究刑事责任。当然，“长期辱骂行为”造成的家庭暴力在举证方面比较困难。要认定辱骂行为是否构成家庭暴力，除在时间上需符合“长期、持

续性”的条件外，还需对受害人产生了严重的精神或身体损害后果（如导致受害人患有严重的抑郁症、精神病等心理疾病、障碍等，或导致受害人自杀等情形）。

因此，针对此案的取证，需做到以下几点：①及时请居民委员会、村民委员会、妇联及所在单位，组织进行制止、劝阻、调解，相应机构制作的书面材料可以作为提交的证据。②情节严重的应该立即报警，公安出警记录、询问笔录也可以作为证据。③对于加害人实施的家庭暴力，除受害人的陈述外，其他家庭成员和邻居出具的证言也是认定一方实施家庭暴力的有力证据。④在加害人实施家庭暴力时，可以通过录音、视频等方式，将其言辞记录下来。⑤加害人出于愧疚等原因向受害方出具的《悔过书》《保证书》等可以作为书面证据。⑥医院或权威机构做出的诊断结果或鉴定结论；受害一方经过心理咨询或者治疗的，该机构出具的诊断建议或诊断结果也可以作为认定加害人实施家庭暴力的证据。

每年的 11 月 25 日被联合国确立为“国际消除家庭暴力日”，也被称作“国际反家庭暴力日”。2021 年 11 月 25 日，全国妇联权益部发布《家庭暴力受害人证据收集指引》[17]，将家暴的证据区分为“证明发生过家暴事实的证据”（①公安机关的出警记录、告诫书、伤情鉴定意见；②村民委员会、居民委员会、妇联组织、反家庭暴力社会组织、双方用人单位等机构的求助接访记录、调解记录等；③受害人的病历资料、诊疗花费票据；④加害人实施家庭暴力的录音、录像；⑤受害人的身体伤痕和加害人打砸现场的照片、录像；⑥加害人的保证书、承诺书、悔过书；⑦证人证言、包括未成年子女的证言；⑧受害人的自我陈述）和“证明面临家暴现实危险的证据”（一方威胁、恐吓另一方离婚或者分手就杀害

[17] 中国妇女报全媒体消息．全国妇联权益部发布《家庭暴力受害人证据收集指引》[N]. 中国妇女报，2021-11-26（1）.

对方甚至对方全家的言语录音、截屏等）两类。《家庭暴力受害人证据收集指引》将科学指导家庭暴力受害人有效收集和固定家庭暴力证据，依法维护自身合法权益。

目前对于家庭暴力遵循预防为主，教育、矫治与惩处相结合原则。对于加害人实施的家庭暴力行为情节显著轻微的，可以教育为主；对于加害人实施的家庭暴力情节较轻的，由公安机关对加害人给予批评教育或者出具告诫书，可以依法不给予治安管理处罚；对于加害人实施家庭暴力，构成违反治安管理行为的，依法给予治安管理处罚；构成犯罪的，依法追究刑事责任。另外，家庭成员如遭受家庭暴力或者面临家庭暴力的现实危险，可以向人民法院申请人身安全保护令。总之，家庭暴力绝非家事私事，反家庭暴力是国家、社会和每一个家庭的共同责任。对家庭暴力“零容忍”，是社会共识，更是司法态度。对施暴者依法进行惩处，是对受害者的权利保护，更彰显司法应有的温度。

2021 年 12 月 2 日江苏省十三届人大常委会第二十七次会议表决通过《江苏省反家庭暴力条例》，于 2022 年 3 月 1 日起施行。该部反家庭暴力地方性法规的亮点在于：鼓励公民向公安机关等报告家庭暴力行为，公民制止家庭暴力行为，经公安机关查实符合见义勇为人员确认条件的，依法予以确认[18]。

2.8 人身安全保护令

人身安全保护令是一种民事强制措施，是人民法院为了保护家庭暴力受害人及其子女和特定亲属的人身安全、确保婚姻案件诉讼程序的

[18]“中国妇女报”微信公众号．江苏出台《反家暴条例》：公民制止家暴行为可认定见义勇为．2021–12–3.

正常进行而作出的一种具有强制执行力的民事裁定，一般有效期为15天~6个月。人身安全保护令是反家庭暴力的重要武器：①“保护令”是受害人申请人身司法保护的权利，是申请人依法维护自身人身权利不受侵害的“护身符”。②“人身保护裁定书”送达被申请人时即生效，表明受害人从此就是人民法院依法明确保护的对象，这种保护是以法律强制力作为后盾的“特别保护”。因此，对被申请人而言，它是一道不敢逾越雷池半步的“紧箍咒”。③“保护令”是确保案件顺利审判执行的法宝。不仅可以威慑被申请人在诉讼过程中尊重申请人的人身权利，防止暴力下不可预测事件的发生，也可将事后惩罚施暴者转变为事先保护受害人，开创了国家公权力介入家庭暴力防治的新途径。

申请人身安全保护令应当以书面方式提出，书面申请确有困难的，可以口头申请，由人民法院记入笔录。申请主体主要分为两种：一是遭受家庭暴力或者面临家庭暴力现实危险的受害人；二是无民事行为能力人、限制民事行为能力人，或者因受到强制、威吓等原因无法申请人身安全保护令的，其近亲属、公安机关、妇女联合会、居民委员会、村民委员会、救助管理机构均可以代为申请。作出人身安全保护令应当具备三个条件：一是有明确的被申请人；二是有具体的请求；三是有遭受家庭暴力或者面临家庭暴力现实危险的情形。关于时限，人民法院受理申请之后，应当在七十二小时内作出人身安全保护令或者驳回申请；情况紧急的，应当在二十四小时内作出。人身安全保护令由人民法院执行，公安机关以及居民委员会、村民委员会等应当协助执行。人身安全保护令的有效期不超过六个月，自作出之日起生效。人身安全保护令失效之前，人民法院可以根据申请人的申请撤销、变更或者延长。假若加害人违反人身安全保护令，不构成犯罪的，人民法院应当给予训诫，可以根据情节轻重处以一千元以下罚款、十五日以下拘留；构成犯罪的，人民

法院将依法追究加害人的刑事责任。

2020 年 11 月 25 日下午，最高人民法院与全国妇联、中国女法官协会联合发布人身安全保护令十大典型案例[19]。“陈某申请人身安全保护令案”是十大案例之一。申请人陈某某（女）与被申请人段某某系夫妻关系。双方婚后因工作原因分居，仅在周末和节假日共同居住生活，结婚初期感情一般。段某某常为日常琐事责骂陈某某，两人一言不合即发生争吵，撕扯中互有击打行为。2017 年 5 月 5 日，双方因琐事发生争吵厮打，陈某某在遭到段某某拳打脚踢之后报警。经过陕西省汉中市汉台公安分局出警处理，决定给予段某某拘留 10 日，并处罚款 500 元的行政处罚。因段某某及其父母扬言要在拘留期满后上门打击报复陈某某及其父母，陈某某于 2017 年 5 月 17 日起诉至陕西省汉中市汉台区人民法院，申请人民法院作出人身保护裁定并要求禁止段某某对其实施家庭暴力，禁止段某某骚扰、跟踪、接触其本人和父母。陕西省汉中市汉台区人民法院裁定：①禁止段某某对陈某某实施辱骂、殴打等形式的家庭暴力；②禁止段某某骚扰、跟踪、接触陈某某及其相关近亲属。如段某某违反上述禁令，视情节轻重处以罚款、拘留；构成犯罪的，依法追究刑事责任。在本案中，陈某某为家暴受害者如何申请人身安全保护令作出了较好的示范，她具有很强的法律和证据意识，在家庭暴力发生后及时报警、治疗伤情，保证自身人身安全，保存各种能够证明施暴行为和伤害后果的证据并完整地提供给法庭，使得办案法官能够快速、顺利地在申请当日就作出民事裁定，及时地维护了自己的合法权益。陕西省汉中市汉台区人民法院办案法官充分认识到家庭暴力危害性的特点，抓紧时间审查

[19] 中国法院网 . 最高法、妇联、女法官协会联合发布人身安全保护令十大典型案例 . https：//www.chinacourt.org/article/detail/2020/11/id/5624494.shtml.2021–11–6.

证据，仔细研究案情，与陈某某进行了面谈及沟通，获知她本人及其家属的现状、身体状况、人身安全等情况，准确把握针对家庭暴力行为保护申请的审查标准，简化了审查流程，缩短了认定时间，依法果断作出裁定，发出人身安全保护令，对受暴力困扰的妇女给予了法律上强大的有力度的正义保护。

2020 年 7 月 29 日，《广东省实施〈中华人民共和国反家庭暴力法〉办法》由广东省第十三届人民代表大会常务委员会第二十二次会议通过，自 2020 年 10 月 1 日起施行。该部反家庭暴力地方性法规的亮点在于：明确加害人通过网络等手段实施有关侵害行为的，属于家庭暴力范畴。创设性地扩大保护对象，明确目睹家庭暴力的未成年人是受害人。更大的亮点在于丰富了人身安全保护令措施，受害人可以申请“禁止令”（禁止被申请人实施家庭暴力；禁止被申请人骚扰、跟踪、接触申请人及其相关近亲属）；“远离令”（责令被申请人远离申请人的住所、学校、工作单位或者申请人经常出入的其他场所）；“迁出令”（责令被申请人迁出申请人住所）等多项人身安全保护令措施，人民法院可根据受害人的申请分批多次作出。

2.9 亲子关系的确认与否认之诉

父母与子女之间的亲子关系涉及抚养、赡养、继承等问题。对亲子关系有异议且有正当理由的，父母双方有权提起亲子关系的确认与否认之诉。成年子女有权提起亲子关系的确认之诉，但无权提起亲子关系的否认之诉。已于 2021 年 1 月 1 日废止的《最高人民法院关于适用〈中华人民共和国婚姻法〉若干问题的解释（三）》第二条规定了亲子关系确认和否认之诉中，一方当事人拒绝进行亲子鉴定的处理：“夫妻一方向人民

法院起诉请求确认亲子关系不存在，并已提供必要证据予以证明，另一方没有相反证据又拒绝做亲子鉴定的，人民法院可以推定请求确认亲子关系不存在一方的主张成立。当事人一方起诉请求确认亲子关系，并提供必要证据予以证明，另一方没有相反证据又拒绝做亲子鉴定的，人民法院可以推定请求确认亲子关系一方的主张成立。”《中华人民共和国民法典》在充分吸纳《婚姻法司法解释三》第二条的基础上，在第一千零七十三条规定：“对亲子关系有异议且有正当理由的，父或者母可以向人民法院提起诉讼，请求确认或者否认亲子关系。对亲子关系有异议且有正当理由的，成年子女可以向人民法院提起诉讼，请求确认亲子关系。”正式在国家立法层面规定了亲子关系的确认和否认之诉。

《最高人民法院关于适用〈中华人民共和国民法典〉婚姻家庭编的解释（一）》第三十九条规定：“父或者母向人民法院起诉请求否认亲子关系，并已提供必要证据予以证明，另一方没有相反证据又拒绝做亲子鉴定的，人民法院可以认定否认亲子关系一方的主张成立。父或者母以及成年子女起诉请求确认亲子关系，并提供必要证据予以证明，另一方没有相反证据又拒绝做亲子鉴定的，人民法院可以认定确认亲子关系一方的主张成立。”

2021 年 8 月 18 日“人民法院报”微信公众号发布了一个关于“丈夫私自代孕生二胎，妻子不认”的典型案例。刘某与温某是夫妻关系，二人育有一女。2016 年国家“全面二胎”政策放开后，夫妻俩想再生个孩子，却因为身体、年龄等原因始终未能成功。2018 年，丈夫温某在妻子不知情的情况下，与他人通过代孕私自生下儿子小温，并在小温的出生证明上写母亲是刘某。“被当妈”的刘某称，其并不知道代孕的事情，也没有见过孩子，直到 2019 年才知道小温的存在。为了明确双方的抚养、赡养、继承等问题，避免日后发生矛盾纠纷，妻子刘某曾想过要起诉，但是当时没有合适的案由，直到 2021 年 1 月 1 日《民法典》正式施行，《民法典》新增了亲子关系的确认与否认之诉的规定。刘某于是将小温起诉至北京市顺义区人民法院，请求判令刘某和小温之间不存在亲子关系，取消其对小温的监护权以及小温对其财产的继承权。如前所述，《民法典》第一千零七十三条第一款规定，对亲子关系有异议且有正当理由的，父亲或者母亲可以向人民法院提起诉讼，请求确认或者否认亲子关系。婚姻关系存续期间，夫妻双方一致同意进行人工授精，所生子女应视为婚生子女，父母子女间的权利义务关系适用《民法典》的相关规定。本案中，原告刘某提交了 2018 年 3 月的医院诊断证明、住院许可证等证据，材料显示刘某被诊断为孕 6 周胎而停育，而小温的出生时间为 2018 年 7 月，可证明刘某与小温之间不可能存在血缘上的亲子关系。刘某与温某皆认可小温不是双方进行人工授精所生的孩子，故小温无法被视为刘某与温某的婚生子女，刘某与小温之间的关系无法适用《民法典》关于父母子女间的权利义务关系。温某表示同意刘某的诉讼请求，顺义区人民法院也支持刘某的诉讼请求，确认刘某与小温之间不存在亲子关系。

3

以千万家庭的好家风支撑起全社会的好风气

3.1 主题词：家庭家教家风建设

2021年6月30日，中共中央宣传部、中央文明办、中共中央纪委机关、中共中央组织部、国家监察委员会、教育部、全国妇联等七部门联合印发《关于进一步加强家庭家教家风建设的实施意见》的通知。要求以习近平新时代中国特色社会主义思想为指导，全面贯彻党的十九大和十九届二中、三中、四中、五中全会精神，立足新发展阶段、贯彻新发展理念、构建新发展格局，以培育和践行社会主义核心价值观为根本，以建设文明家庭、实施科学家教、传承优良家风为重点，强化党员和领导干部家风建设，突出少年儿童品德教育关键，加强教育引导、实践养成、制度保障，推动家庭家教家风建设高质量发展，团结引领广大家庭成员增强"四个意识"、坚定"四个自信"、做到"两个维护"，牢固树立新时代家庭观，把爱家和爱国统一起来，把实现个人梦、家庭梦融入国家梦、民族梦之中，为全面建设社会主义现代化国家、实现中华民族伟大复兴中国梦汇聚磅礴力量。

加强家庭家教家风建设的目标在于：经过持续不懈地努力，使支持家庭发展的政策法规不断完善，全社会注重家庭家教家风建设的氛围日益浓厚。家庭文明建设活动的影响力和感召力不断增强，培育树立的典型家庭数量翻一番，充分发挥家风建设中党员和领导干部的表率作用，大力倡扬新时代家庭观。立德树人家庭教育理念深入人心，覆盖城乡的家庭教育指导服务体系不断完善，家庭学校社会协同育人机制更加健全，家庭家教家风建设在基层社会治理中的作用更加显著，家庭成员文明素养和社会文明程度进一步提升，推动形成爱国爱家、相亲相爱、向上向善、共建共享的社会主义家庭文明新风尚。

习近平总书记强调，不论时代发生多大变化，不论生活格局发生多大变化，我们都要重视家庭建设，注重家庭、家教、家风。家风好，就能家道兴盛、和顺美满；家风差，就会祸及子孙、贻害社会。“积善之家，必有余庆；积不善之家，必有余殃”就是这个道理。党员领导干部更是要过好亲情关，管好身边人，育好下一代，继承和弘扬老一辈无产阶级的红色家风，做家风建设的表率，把修身、齐家落到实处。

《中华人民共和国民法典》第一千零四十三条第一款规定：家庭应当树立优良家风，弘扬家庭美德，重视家庭文明建设。

2021 年 8 月 25 日，国务院常务会议审议通过《中国妇女发展纲要（2021—2030 年）》，2021 年 9 月 8 日，国务院印发《中国妇女发展纲要（2021—2030 年）》。《中国妇女发展纲要（2021—2030 年）》提出：推动家庭家教家风在基层社会治理中发挥重要作用。构建党委领导、政府主导、部门合作、家庭尽责、社会参与的家庭建设工作格局。将建设好家庭、实施好家教、弘扬好家风纳入基层社会治理体系以及基层社会治理评价考核内容。鼓励家庭成员履行家庭和社会责任。增进政府治理和社会调节、居民自治良性互动，以千千万万家庭的好家风支撑起全社会的好风气。

建设良好家风，就要把握住中华传统文化中天下为公、大公无私的优秀元素，把握住社会主义先进文化中艰苦奋斗、乐于奉献的时代品格，把握住革命文化中不怕牺牲、不慕虚名的精神底蕴，加强汲取吸收，加强创新性发展与创造性转化，使家风中的优秀文化元素在新时代熠熠生辉、闪烁光芒，成为特权思想和特权作风不可逾越的坚固防线[20]。

---

[20] 姜海滨 . 良好家风是砥砺品行的“磨刀石”[N]. 中国教育报，2021–9–2（5）.

3.2 中国古代四大贤母的故事

家庭是社会的细胞，父母或者其他监护人为促进未成年人全面健康成长，对其实施的道德品质、身体素质、生活技能、文化修养、行为习惯等方面的培育、引导和影响统称为“家庭教育”。家庭教育是人一生中最重要的启蒙教育，对于青少年的人格形成、习惯养成和道德发展具有原生性、发展性、甚至终身性影响。家庭教育的成败，关系到亿万青少年的健康成长、家庭的幸福安康、社会的和谐稳定。作为家长，父母要以自己的良好品质和行为习惯去引导孩子，以身作则、言传身教、言以率幼。要在孩子幼年时就培养他们爱学习的习惯与兴趣，更要为他们创造良好的学习环境。习近平总书记在会见第一届全国文明家庭代表时强调:“希望大家注重家教。家庭是人生的第一个课堂，父母是孩子的第一任老师。家庭教育涉及很多方面，但最重要的是品德教育，是如何做人的教育。作为父母和家长，应该把美好的道德概念从小就传递给孩子，引导他们有做人的气节和骨气，帮助他们形成美好心灵，促使他们健康成长，长大后成为对国家和人民有用的人。[21]

2021 年 10 月 23 日，第十三届全国人大常委会第三十一次会议通过了《中华人民共和国家庭教育促进法》，于 2022 年 1 月 1 日起施行。《家庭教育促进法》旨在贯彻落实习近平总书记关于注重家庭家教家风建设的重要论述，通过制度设计采取一系列措施，将家庭教育由旧时期的传统“家事”上升为新时代的重要“国事”。以立德树人为根本任务，培育和践行社会主义核心价值观，弘扬中华民族优秀传统文化、革命文化、

[21] 习近平 . 在会见第一届全国文明家庭代表时的讲话（2016 年 12 月 12 日）[A]. 论党的宣传思想工作 [C]. 北京：中央文献出版社，2020：282.

社会主义先进文化。同时，在家庭教育内容的规定中，与“德智体美劳”为主要方面的学校教育相区别，突出“以德为先”，强调教育未成年人爱党、爱国、爱人民、爱集体、爱社会主义，培养家国情怀；教育未成年人崇德向善，培养良好社会公德、家庭美德、个人品德意识和法治意识。

在家庭教育方面，中国古代四大贤母（儒家“亚圣”孟子的母亲孟母、东晋名将陶侃的母亲陶母、“唐宋八大家”之一的欧阳修的母亲欧母、南宋名将岳飞的母亲岳母）为我们树立了良好的榜样。四大贤母教育子女的“孟母三迁”“封坛退鲊”“画荻教子”“岳母刺字”的故事流传百世、经久不衰！

孟子小时候具有很强的模仿力，他家原来住在墓地附近，孟子常常在坟墓之间嬉戏玩耍，孟母看在眼里，急在心里，唯一的办法就是变更居住环境。经过一番周折，孟家母子把家搬迁到了集市附近，孟子又模仿商人玩做生意的游戏。孟母认为这个环境也不合适，于是决定再次迁居。第三次她把家搬到了学堂附近，学堂附近来来往往的读书人具有高雅的气质，从容的风范，优雅的举止，孟子跟着他们学习礼仪和知识，孟母认为这才是孟子应该学习的内容，于是母子二人定居下来。这就是历史上著名的“孟母三迁”的故事。孟母非常重视对孟子的教育。某天孟子逃学回家，正在织布的孟母立即拿起一把剪刀剪断织布机上的布匹，孟子惶恐。孟母教育孟子说：读书如织布，织布需一线一线地连成一寸，再一寸一寸地连成一尺，再一尺一尺地连成一丈，再一丈一丈地连成一匹，织完以后才是有用的布匹。学问也需要日积月累，你如果逃学，半途而废，就如同这段被割断的布匹一样变成了没有用的东西。孟子听了母亲的教诲之后深感惭愧，从此以后发奋用功，终于成为一代大儒，被后人称为“亚圣”。

陶侃是东晋名将。其突出的战功在于领导联军平定了苏峻叛乱，为稳定东晋政权立下汗马功劳；另陶侃治理下的荆州还有“路不拾遗”的美称。陶侃的母亲湛氏，是江西新干县人，生活在三国到东晋时期。陶侃出生不久，陶父去世。陶母带着小陶侃靠纺织维持生计，独自抚养、教育陶侃长大。陶母教导陶侃要珍惜光阴努力读书，做忠孝仁义之人，要结交比自己优秀的人。当地的名士、被举荐为孝廉的范逵是陶侃之友。隋朝之前没有科举，选拔官吏基本是在名门望族里挑选。非名门望族出身，但假若是被人们称颂的孝子，也可由当地政府推荐为孝廉，出仕为官。某日，在没有事先知会陶侃的情况下，范逵带了一帮随从来到陶侃家里做客。为了儿子能够好好地招待客人，陶母把头发剪了，用来置换米菜；把家里的柱子销掉一截当作柴烧；又把自己睡觉的草垫拆开，给客人的马做饲料。范逵得知事情原委之后深感愧疚，当他来到都城洛阳之后，就在很多名人贤士面前夸赞陶侃，为陶侃以后举孝廉出仕做官打下了良好的声誉基础。陶侃曾在老家浔阳做管理渔业的小吏，想到母亲含辛茹苦地把自己养大，就叫同事带了一坛腌鱼给母亲吃。陶母却把腌鱼封好退回，并写信责备陶侃：你身为官吏，竟然把公家的东西随便拿回家，以后要是当了大官，还不得是一个贪赃枉法的官员吗？陶侃收到母亲退回的鱼鲊和回信，大为震动，愧疚万分。他下定决心，在一生的仕途中始终遵循母亲教导，清白做人，洁身自好，廉洁为官。这就是在中国历史上流转千年的陶母教子的“截发延宾”和“封坛退鲊”的故事。

与韩愈、柳宗元、苏轼、苏洵、苏辙、王安石、曾巩合称“唐宋八大家”的欧阳修是北宋政治家与文学家。欧阳修出身于封建仕宦家庭，但四岁丧父，家境贫困，母亲郑氏勇敢地挑起持家和教养子女的重担。欧阳修年幼时，郑氏就不断给他讲如何做人的故事，讲完故事还做总结，让欧阳修明白许多做人的道理。欧阳修稍长大些，郑氏想方设法教儿子认字写字，激发欧阳修对读书的兴趣。在家境贫寒买不起纸笔的情况下，欧母用荻草秆当笔，铺沙当纸，教欧阳修练字。这就是被后人传为佳话的“画荻教子”的故事。在母亲的悉心教导下，欧阳修特别懂事，发奋图强，学习成绩优异，于仁宗天圣八年（公元1030年）高中进士。欧母不仅助力儿子成为一代文学大师，同时教导儿子做人为官的道理，以其父亲为榜样希望欧阳修将来做一个为老百姓所爱戴的清廉好官。欧阳修的母亲一身正气，她的言传身教深刻地影响着欧阳修，使欧阳修一生光明磊落，敢做敢为，受到后人的尊敬与爱戴。欧阳修所作《诲学说》：玉不琢，不成器；人不学，不知道。然玉之为物，有不变之常德，虽不琢以为器，而犹不害为玉也。人之性，因物则迁，不学，则舍君子而为小人，可不念哉？即：人都要经过雕琢磨砺才能有所作为，人的习性是最容易受外面物质环境影响的，若不能时刻磨炼自己，提升学识修养与品德内涵，就会舍君子而为小人了。欧阳修对子孙后代“需努力学习，提升自身修养”的劝诫流传千古。

岳飞诞生于九百多年前的宋朝，自小家境贫寒，但他受母亲的教诲，性格倔强，为人刚正不阿，且练就了一身好武艺。岳飞十五六岁时，北方金人南侵，国家处于生死存亡的紧急关头。岳飞对母亲表示“前线杀敌，精忠报国”的决心。岳母欣慰之余，在岳飞后背上用绣花针刺了“精忠报国”四字，并涂上墨水，使其永不褪色。从那以后，岳飞南征北战，严格治军，带出了纪律严明、作战英勇的岳家军。金兵感叹：“撼山易，撼岳家军难！”岳飞成为名留千古的一代名将。他所作的《满江红·怒发冲冠》宋词流传至今。“怒发冲冠，凭阑处，潇潇雨歇。抬望眼，仰天长啸，壮怀激烈。三十功名尘与土，八千里路云和月。莫等闲，白了少年头，空悲切。靖康耻，犹未雪；臣子恨，何时灭。驾长车，踏破贺兰山缺。壮志饥餐胡虏肉，笑谈渴饮匈奴血。待从头，收拾旧山河，朝天阙。”岳飞此词，表达了自己对祖国统一的殷切希望，对国家对朝廷的赤胆忠诚。情调激昂，慷慨壮烈，显示出诗人的浩然正气和英雄气概。

古代四大贤母所传递出来的良好家教、家风、家训观念深刻体现了中华民族的优秀传统。指引当今社会爱国爱家、相亲相爱、向上向善、和谐和睦、共建共享的社会主义家庭文明新风尚的形成。

3.3 反面贪官污吏案例的警示

“家风败坏、对配偶子女放任纵容”——中国共产党十八届五中全会前夕，中央纪委对中共河北省委原书记、河北省人大常委会原主任周本顺的“双开”通报中，使用了“家风败坏”一词，当时引发舆论的高度关注。

2015 年 7 月 24 日，据中央纪委监察部网站消息，河北省委书记、省人大常委会主任周本顺涉嫌严重违纪违法，接受组织调查。经查，周本顺严重违反组织纪律，为提拔职务进行非组织活动，违规选拔任用干部，隐瞒不报个人有关事项；严重违反中央八项规定精神，超标准公务接待、公款吃喝，频繁出入私人会所，生活奢侈、挥霍浪费；严重违反廉洁纪律，利用职务上的便利在企业经营等方面为他人谋取利益并收受财物，收受礼金、礼品，为其子经营活动谋取利益，家风败坏、对配偶子女放任纵容；严重违反工作纪律，私存涉密资料，泄露党和国家秘密。其中，利用职务上的便利为他人谋取利益，收受财物问题涉嫌犯罪。2017 年 2 月 15 日，福建省厦门市中级人民法院公开宣判河北省委原书记周本顺受贿案，对被告人周本顺以受贿罪判处有期徒刑十五年，并处没收个人财产人民币二百万元；对周本顺受贿所得财物及其孳息予以追缴，上缴国库。

中央纪委国家监委网站 2021 年 8 月 16 号公布：经中共中央批准，

中央纪委国家监委对贵州省政协原党组书记、主席王富玉严重违纪违法问题进行了立案审查调查。经查，王富玉丧失理想信念，背弃初心使命，目无道德法纪，对党不忠诚、不老实，阳奉阴违，搞两面派，做两面人，处心积虑对抗组织审查；无视中央八项规定精神，违规收受礼品礼金，多次接受私营企业主安排打高尔夫球、乘坐私人飞机；在组织人事方面违规为他人谋利，在组织谈话时不如实说明问题，不按规定报告个人有关事项；把党和人民赋予的权力作为攫取私利的工具，通过民间借贷获取大额回报；生活奢靡腐化，道德沦丧，家风败坏；利用职务便利和影响力在工程承揽、土地开发、企业经营等方面为他人谋利，并非法收受巨额财物，直至退休后仍大肆收敛钱财。

中央纪委对王富玉的通报同样使用了“家风败坏”一词。习近平总书记曾经告诫全党：“家风败坏往往是领导干部走向严重违纪违法的重要原因。”他在党的十八届五中全会第二次全体会议上要求党员干部要做到廉以修身、廉以持家，培育良好家风，教育督促亲属子女和身边工作人员走正道。习近平总书记还在第十八届中央纪律检查委员会第六次全体会议上指出：“我们着眼于以优良党风带动民风社风，发挥优势党员、干部、道德模范的作用，把家风建设作为领导干部作风建设重要内容，弘扬真善美、抑制假恶丑，营造崇德向善、见贤思齐的社会氛围，推动社会风气明显好转。”

《中国共产党纪律处分条例》第八十五条规定：党员干部必须正确行使人民赋予的权力，清正廉洁，反对任何滥用职权、谋求私利的行为。利用职权或者职务上的影响为他人谋取利益，本人的配偶、子女及其配偶等亲属和其他特定关系人收受对方财物，情节较重的，给予警告或者严重警告处分；情节严重的，给予撤销党内职务、留党察看或者开除党籍处分。第八十六条规定：相互利用职权或者职务上的影响为对方及其

配偶、子女及其配偶等亲属、身边工作人员和其他特定关系人谋取利益搞权权交易的，给予警告或者严重警告处分；情节较重的，给予撤销党内职务或者留党察看处分；情节严重的，给予开除党籍处分。第八十七条规定：纵容、默许配偶、子女及其配偶等亲属、身边工作人员和其他特定关系人利用党员干部本人职权或者职务上的影响谋取私利，情节较轻的，给予警告或者严重警告处分；情节较重的，给予撤销党内职务或者留党察看处分；情节严重的，给予开除党籍处分。党员干部的配偶、子女及其配偶等亲属和其他特定关系人不实际工作而获取薪酬或者虽实际工作但领取明显超出同职级标准薪酬，党员干部知情未予纠正的，依照前款规定处理。第八十九条规定：向从事公务的人员及其配偶、子女及其配偶等亲属和其他特定关系人赠送明显超出正常礼尚往来的礼品、礼金、消费卡和有价证券、股权、其他金融产品等财物，情节较重的，给予警告或者严重警告处分；情节严重的，给予撤销党内职务或者留党察看处分。

4

一别两宽，更生欢喜

4.1 主题词：离婚

离婚是婚姻关系的终止，是指在配偶生存的情况下夫妻依据法律的规定解除婚姻关系的法律行为。根据夫妻双方对离婚所持的态度为标准可以将离婚分为双方自愿离婚和一方要求离婚两种方式。双方自愿离婚的一般会签订书面离婚协议，并亲自到婚姻登记机关申请离婚登记。一方要求离婚而另一方不愿意离婚的一般由有关组织进行调解或者要求离婚一方直接向人民法院提起离婚诉讼。

我国古代的离婚制度具有男尊女卑、夫权与家长权统治的特点。离婚立法采取专权离婚主义。古代离婚的主要形式包括：出妻（休妻）、义绝、和离和呈诉离婚（呈诉离婚是基于特定的理由，夫妻一方向官府诉请离婚的方式）。根据封建法律的规定，如果“妻背夫在逃”“夫逃亡三年”“夫逼妻为娼”“翁欺奸男妇”等，男女双方都可以呈诉要求解除婚姻关系。

在几千年的中国古代封建社会，“出妻”“休妻”是最常见的离婚形式，可以说丈夫和公婆享有离婚主动权甚至是离婚专有权。根据《周礼》的规定，丈夫可以以七种理由休弃妻子，所以称为“七出”或者“七去”：①不顺父母（妻子不孝顺丈夫的父母），去；②无子（妻子无法生出子女），去；③淫（妻子与丈夫之外的男性发生性关系而乱族），去；④妒（妻子好忌妒而乱家），去；⑤有恶疾（妻子患了严重的疾病而不能一起参与祭祀），去；⑥多言（妻子话太多或说别人闲话而影响家庭和睦），去；⑦窃盗（妻子偷东西而不遵守应守的规矩），去。丈夫可以根据七条理由中的任何一条理由休弃妻子。“七出”是片面针对女方的休妻，是束缚妇女的礼教绳索，妇女即使在婚后“鸡鸣入机织，夜夜不得息”，但公婆只要稍不顺心，便可以强迫夫妻离异。汉乐府《孔雀东南飞》中的庐江府小吏焦仲卿与其妻刘兰芝“举身赴清池”“自挂东南枝”的爱情悲剧，就是典型例子。

“七出”的理由不近人情，残酷而且专横，但是有下列三种情况之一的，丈夫则不得休妻。①“有所取无所归”（结婚时女方父母健在，欲休妻时已去世，原来的大家庭已不存在，休妻等于是使女方无家可归）。②“与更三年丧”（妻子和丈夫一起为丈夫的父亲或母亲守孝三年的不能被休弃）。③“前贫贱后富贵”（丈夫娶妻的时候贫贱，后来富贵了）。“三不去”作为“七出”规定的补充规范，从维护统治阶级统治秩序出发，对妇女婚姻权利作出一定的兼顾。“三不去”的规定，对婚姻关系的稳定具有一定的积极意义。在中国古代封建社会，离婚主动权掌握在男性和男性家长手里是不争的事实，但是在汉代、唐朝和北宋初年也有妇女单方面请求丈夫休妻而成功的事例。

4.2 “覆水难收”的典故

姜子牙年轻的时候只知道钓鱼，家里贫困，其妻马氏嫌弃姜子牙，意欲离去。姜子牙劝解妻子：“我有朝一日会得到荣华富贵，你可别这样做。”马氏不听劝告，离开了姜子牙。后来姜子牙帮助周王建立了周朝，地位直线上升，财富与日俱增，于是马氏想和姜子牙破镜重圆。但姜子牙早已经看穿了马氏的为人，不想和她恢复关系，就将一壶水泼在地上让马氏去收回来，马氏却只能拿回淤泥，姜子牙于是说：“若言离更合，覆水定难收。”（姜太公的意思是倒在地上的水，难以再收回来了。表示事情已成定局，不可挽回。）“覆水难收”的成语由此而来。[22]

[22] 崔钟雷 . 成语典故大全 [M]. 哈尔滨：哈尔滨出版社，2018：119.

4.3 汉代朱买臣休妻的故事

《汉书》曾记载西汉汉武帝时期朱买臣“休妻”的故事（实为朱买臣妻子主动要求朱买臣休妻）。汉武帝时期，会稽郡有位叫朱买臣的男子，家中贫穷却喜欢读书，不喜欢管理产业，依靠砍柴维持生计。他担着柴，还要边走边读书，古时读书是要吟诵的，他的妻子也担着柴跟随着他，看他这样不好好卖柴火却一本正经地在大路上诵读经书，觉得非常难为情。朱买臣的妻子屡次阻止朱买臣在路上吟诗颂赋，但朱买臣完全不听妻子的劝告，日子久了，朱买臣妻子忍无可忍向朱买臣请求离婚。朱买臣却很潇洒，他笑着劝妻子说：“我这个人，到五十岁就会平步青云，现在已经四十多岁了，你辛苦的日子也已很久，等我富贵之后再来报答你。”妻子愤怒地回答：“像你这种人，终究要饿死在沟壑之中，怎么可能富贵？”朱买臣不能挽留妻子，只好任凭她离去改嫁。有一次，朱买臣一个人在道路上边走边唱，背着柴在墓地间行走。他的前妻和丈夫正好在上坟，看到朱买臣又冷又饿，召唤给他饭吃。过了几年，朱买臣时来运转，在同乡严助的推荐和帮助下被皇帝封为会稽太守。朱买臣于是乘坐专车走马上任，会稽的官员听说新任太守将到，征召百姓修整道路。县府官员都来迎送，车辆有一百多乘。到了吴界，朱买臣看见他的前妻及丈夫在修路，就停下车，叫后面的车子载上他们到太守府并安置在园中，供给食物。过了一个月，他的前妻却悬梁自尽而亡。

朱买臣的前妻为何悬梁自尽？民间流传各种说法，其中有一种说法是朱买臣的前妻留下遗书回答自尽的原因。“以前我作为妻子为老爷做家务事有些年了。想起那饥寒勤苦的时候，老爷表达意愿时何尝不说得志后要以匡正国家、使君圣明为己任，以安抚百姓、救济人民为心愿呢？我不幸离开老爷左右也有些年了，老爷果然得志。天子赐给他爵位并且任用他，让他穿着锦绣官服并且白天返回故乡，这种荣耀也到了极点。可是他从前所说的（匡正国家、安抚百姓）的话，却没有再听说了。是天下无事使他这样呢？还是他急于享受富贵没有空闲去考虑国家大事呢？依我看来，向我这个妇人夸耀自己，他的目的达到了。其他匡国安民的事情却没有见到，我又怎能吃他的食物呢？”看来朱买臣的前妻是一个有骨气有见识的妇女，不堪受辱而自尽。朱买臣休妻的故事说明汉代妇女可单方面请求与丈夫离婚并达成所愿。朱买臣休妻是历史上比较有名的故事，经过后人的改编与加工甚至形成多个版本，是一些戏曲节目中的经典桥段。

4.4 唐代的“义绝”

“义绝”是唐律中首次规定的一种强制离婚制度。夫妻之间的情义断绝，不论双方是否同意，均由官府审断，强制离异。唐代《户婚律》“犯义绝”条《唐律疏议》解释：“夫妻义合，义绝则离”。“义绝”主要包括以下这几种情况：①丈夫殴打妻子的祖父母、父母，杀死妻子的外祖父母、伯叔父母、姑、兄弟姐妹，与妻子的母亲通奸。②妻子殴打、辱骂丈夫的祖父母、父母，杀伤丈夫的外祖父母、伯叔父母、姑、兄弟姐妹，与丈夫缌麻以上亲通奸及欲加害丈夫。③夫妻双方的祖父母、父母、外祖父母、伯叔父母、姑、兄弟姐妹之间有互相杀害的行为。凡是犯义绝者，要强制离异，否则判处徒刑一年。

4.5 唐代的“和离”

“和离”也叫协议离婚，即双方自愿协议解除婚姻关系。唐代以前，每一朝代都有“和离”的事例发生，但是“和离”在唐代之前仅仅是现实生活中存在的个别情况。盛唐之时，在国策开明、多种思想融会贯通、妇女地位普遍提高的社会风气下，统治者将“和离”列入礼法结合的《唐律疏议》中，使其正式成为国家的法律规范。唐代《唐律疏议·户婚》规定，夫妻之间由于感情破裂，“不相安谐”可以“两愿和离”。唐代的“和离”制度，在封建社会妇女难以在婚姻关系中表达自己意愿的大背景下，无疑是比较开明的规定。

4.6 敦煌出土的唐代《放妻书》

1900 年，敦煌莫高窟出土了一批唐代文献，里边保存着不少唐人的“放妻书”(类似今天的离婚证书)。其中，赵宗敏所立《休放妻书》被后人称为唐代最美《放妻书》，全文如下：“盖说夫妻之缘，恩深义重！谈论共被之因，结誓犹远。凡为夫妻之因，前世结缘，始配今生夫妇。若缘不合，比是怨家，故来相对。妻则以言数口，夫则侧目生嫌，似猫鼠相憎，如狼羊一处。既以二心不同，难归一意，快会及诸亲，各还本道。愿妻娘子相离之后，重梳蝉鬓，美群娥眉，巧逞窈窕之姿，选聘高官之主。解怨释结，更莫相憎。一别两宽，更生欢喜，三年衣粮，便献柔仪，伏愿娘子千秋万岁。——于乙丑年肆月叁日立此书，赵宗敏谨立”。全文语气温柔，用词风雅，尽显唐人赵宗敏的包容和释怀，大气与温情。唐代最美《放妻书》让人们相信：结婚的原因有千千万万，但离婚肯定是为了以后过得更幸福。从史实来看，唐朝由妻子提出离婚的竟不在少数，女方再嫁也并不认为是失节，这与前朝的“从一而终”和后代的“饿死事小，失节事大”形成鲜明的对比。敦煌出土文物说明在晚唐和北宋初年时期，妇女在婚姻关系中的地位要比后世的明、元、清高。

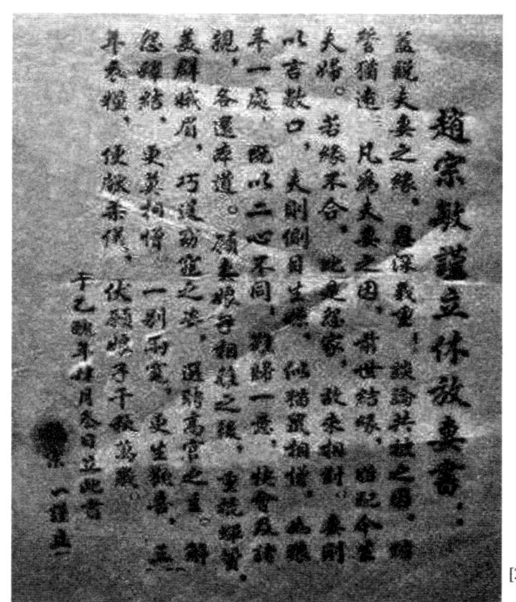

趙宗數謹立休放妻書：

蓋說夫妻之緣，恩深義重！論談共被之因，結誓猶遠。凡為夫妻之因，前世結緣，始配今生夫婦。若緣不合，比是冤家，故來相對。妻則以言數口，夫則側目生嫌，似貓鼠相憎，如狼羊一處。既以二心不同，難歸一意，快會及諸親，各還本道。願妻娘子相離之後，重梳蟬鬢，美掃蛾眉，巧逞窈窕之姿，選聘高官之主。解怨釋結，更莫相憎，一別兩寬，更生歡喜。三年衣糧，便獻柔儀，伏願娘子千秋萬歲。

于乙酉年肆月叁日立此書

一謹立

[23]

4.7 降伏冲动的魔鬼——离婚冷静期

处理离婚问题，应遵循“保障离婚自由、反对轻率离婚”的指导思想。防止轻率离婚，是保障婚姻自由的必然要求。马克思曾说过：“婚姻不能听从已婚者的任性，相反地，已婚者的任性应该服从婚姻的本质。”[24]

根据《中华人民共和国民法典》婚姻家庭编的规定，夫妻双方自愿离婚的，应当签订书面离婚协议，并亲自到婚姻登记机关申请离婚登记。离婚协议应当载明双方自愿离婚的意思表示和对子女抚养、财产以及债

[23] 最体面的离婚书——大唐《放妻书》(2018-04-25)，https ：//baijiahao.baidu.com/s?id=1598643987335014722&wfr=spider&for=pc2021-11-25.

[24] 中共中央马克思恩格斯列宁斯大林著作编译局 . 论婚姻法草案（ 1842 年 12 月 18 日 ）[A]. 马克思恩格斯全集（ 第 1 卷 ）[C]. 北京：人民出版社，2009 ：183.

务处理等事项协商一致的意见。自婚姻登记机关收到离婚登记申请之日起三十日内，任何一方不愿意离婚的，可以向婚姻登记机关撤回离婚登记申请。前款规定期限届满后三十日内，双方应当亲自到婚姻登记机关申请发给离婚证；未申请发给离婚证的，视为撤回离婚登记申请。婚姻登记机关查明双方确实是自愿离婚，并已经对子女抚养、财产以及债务处理等事项协商一致的，予以登记，发给离婚证。这就是所谓登记离婚“三十日离婚冷静期”制度。离婚冷静期制度需注意三个要点：①《民法典》关于离婚冷静期制度的规定只适用于协议离婚。对于有家暴情形的，当事人可向人民法院起诉离婚，起诉离婚不适用离婚冷静期制度。②申请离婚后，须三十日到期后才可以到民政部门领取离婚证。三十日冷静期内有任何一方当事人不想离婚的，均可撤回离婚申请。③三十日冷静期后还有一个三十日领证期，领证期内有任何一方当事人不去领离婚证，就当撤回离婚申请。

下图是对《民法典》第一千零七十七条“两个三十天”规定的图解释义。

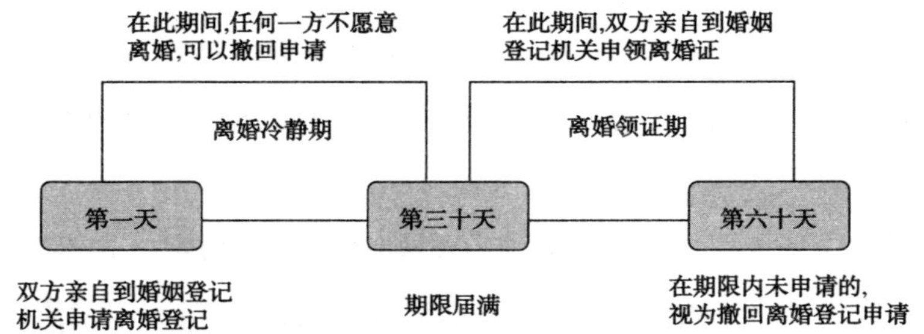

在《民法典》尚未颁布实施之前，我国原《婚姻法》第三十一条规定：“男女双方自愿离婚的，准予离婚。双方必须到婚姻登记机关申请离婚。婚姻登记机关查明双方确实是自愿并对子女和财产问题已有适当处理时，发给离婚证。”在很长一段时间内，离婚登记非常简便，说离就离，其实是潜在地剥夺了当事人冷静思考的机会。中国政法大学夏吟兰教授也曾在《对中国登记离婚制度的评价与反思》中提到，我国《民法典》生效之前的登记离婚制度是世界上最自由的离婚制度之一[25]。但是众所周知，过度的自由不是自由，被约束的自由才是真正的自由。虽然目前仍有相当一部分人对离婚冷静期制度持质疑的态度，但不可否认的是:《民法典》以法律形式规定离婚冷静期制度，可以帮助当事人降伏冲动的魔鬼，大大减少了基于冲动而草率离婚现象的发生。根据离婚冷静期制度，是否提出离婚申请、是在冷静期内撤回申请还是在冷静期届满后再次申请离婚，主动权均掌握在婚姻双方当事人手中，恰恰体现了法律对夫妻双方自我决定权的尊重。所以，离婚冷静期制度不是对离婚自由的限制，而是对离婚过度自由的修正。可以提醒当事人谨慎行使权利，理性对待婚姻，激发夫妻双方对婚姻家庭的敬畏和责任担当，有利于维护家庭与社会的和谐稳定并最大程度地保护未成年子女的利益。

4.8 没有爱情的婚姻是不道德的

恩格斯在《家庭、私有制和国家的起源》一书中写道:“如果说只有以爱情为基础的婚姻才是合乎道德的，那么也只有继续保持爱情的婚姻才会合乎道德。”[26]“如果感情确实已经消失或者已经被新的热烈的爱情所排挤，那就会使离婚无论对于对方或对于社会都成为幸事”[27]。

[25] 夏吟兰 . 对中国登记离婚制度的评价与反思 [J]. 法学杂志，2008（2）：13–16.

[26] 中共中央马克思恩格斯列宁斯大林著作编译局 . 家庭、私有制和国家的起源 [A]. 马克思恩格斯全集 [C]. 北京：人民出版社，2018：89.

[27] 同上。

恩格斯的观点可以概括为一句话：“没有爱情的婚姻是不道德的。”我们可以把恩格斯观点中的“爱情”拓展理解为内涵更加丰富的包括“爱情”在内的“感情”。从1980年《婚姻法》开始，我国立法一直把“夫妻感情确已破裂”作为人民法院判决离婚的标准。假若夫妻一方要求离婚的，可以由有关组织进行调解或者直接向人民法院提起离婚诉讼。人民法院审理离婚案件，应当进行调解；如果感情确已破裂，调解无效的，应当准予离婚。感情确已破裂是指夫妻共同生活已经不可能存在。婚姻的成立应当以感情为基础，婚姻的存续也应该以感情为基础。没有感情的婚姻注定是一场劫难，始终无法长久。古今中外那些令人羡慕的婚姻到最后都是人品与婚姻的完美结合，都是感情的红线在维系着婚姻。如果感情已经不复存在，离婚对双方就是最好的选择。

认定夫妻感情是否破裂是一个非常复杂的问题，在司法实践当中，主要是从四个方面来分析：首先看婚姻的基础，就是要了解男女双方结合的方式、恋爱时间的长短、结婚的动机和目的等；其次看婚后感情，就是看夫妻共同生活期间的感情状况；再次看离婚的原因，离婚原因是引起夫妻纠纷的主要矛盾或夫妻双方争执的焦点和核心问题；最后看双方有无和好的可能，即对婚姻发展的前途进行估计和预测。司法实践中，有下列情形之一，调解无效的，应当准予离婚：①重婚或者与他人同居；②实施家庭暴力或者虐待、遗弃家庭成员；③有赌博、吸毒等恶习屡教不改；④因感情不和分居满两年；⑤其他导致夫妻感情破裂的情形。一方被宣告失踪，另一方提起离婚诉讼的，应当准予离婚。经人民法院判决不准离婚后，双方又分居满一年，一方再次提起离婚诉讼的，应当准予离婚。完成离婚登记，或者离婚判决书、调解书生效，即解除婚姻关系。

值得注意的一个问题是我国对军婚实行特殊保护。军人是一种具有极高人身危险性又必不可少的职业，他们是国家的钢铁长城，为千家万户的平安保驾护航，所以现役军人的婚姻受到国家法律的特别保护，符合法理与情理。我国《民法典》第一千零八十一条规定：现役军人的配偶要求离婚，应当征得军人同意，但是军人一方有重大过错的除外。该条规定包含两层意思：①一般情况下，现役军人的非军人配偶一方提出离婚，必须要得到军人一方的同意，人民法院才能判决准予离婚。②在军人一方有重大过错的情况下，无须得到军人的同意，经调解无效，人民法院可判决准予离婚。我国还对孕期妇女婚姻实行特殊保护，在女方怀孕等特殊期间，对男方离婚诉权进行限制。《民法典》第一千零八十二条规定：女方在怀孕期间、分娩后一年内或者终止妊娠后六个月内，男方不得提出离婚；但是，女方提出离婚或者人民法院认为确有必要受理男方离婚请求的除外。

4.9 父母之爱子，则为之计深远

离婚是婚姻的不幸，但孩子是无辜的。如果婚姻不可避免走向终结，好聚好散是对孩子负责，也是对孩子的关爱和保护。离婚所消除的是夫妻关系，而父母与子女之间的关系，不因父母离婚而消除。离婚后，子女无论由父亲或者母亲直接抚养，仍是父母双方的子女。离婚后父母对于子女仍有抚养、教育和保护的权利和义务，应本着有利于子女身心健康和保障子女合法权益的原则，结合父母双方的抚养能力和抚养条件等具体情况妥善解决离婚后父母对于子女的抚养问题。

离婚后，不满两周岁的子女，以由母亲直接抚养为原则。已满两周岁的子女，父母双方对抚养问题协议不成的，由人民法院根据双方的具体情况，按照最有利于未成年子女的原则判决。子女已满八周岁的，应当尊重其真实意愿。离婚后，子女由一方直接抚养的，另一方应当负担部分或者全部抚养费，负担费用的多少和期限的长短，由双方协议；协议不成的，由人民法院判决。前面规定的协议或者判决，不妨碍子女在必要时向父母任何一方提出超过协议或者判决原定数额的合理要求。例如子女因患病或者上学，实际需要已经超过原定数额的；又或者原定抚养费数额已经不足以维持当地实际生活水平等情况，子女要求有负担能力的父亲或者母亲增加抚养费的，人民法院应予以支持。

确定子女抚育费数额，既要根据子女的实际需要，又要考虑父母的负担能力和当地的实际生活水平。给付抚育费的一方，有固定收入的，抚育费一般可以按照其月总收入百分之二十至百分之三十的比例给付。负担两个以上子女抚育费的，比例可以适当提高，但是一般不超过月总收入的百分之五十。无固定收入的，抚育费的数额则可以根据当年总收入或者同行业的平均收入，参照上述比例来确定。抚育费的给付期限，一般至子女十八周岁为止。尚未独立生活的成年子女如果丧失劳动能力或者虽未完全丧失劳动能力，但其收入不足以维持生活的；或者尚在学校就读的；或者确无独立生活能力和条件的，父母在有给付能力的情况下仍应当负担必要的抚育费用。

夫妻离婚之后的任何时间内，一方或者双方的实际情况或抚养能力发生较大变化时，均可以提出变更子女抚养权的要求。变更子女抚养权一般先由双方协商确定，如果协商不成，可以通过诉讼途径请求人民法院判决变更。人民法院在判决变更子女抚养权时，一般会考虑以下因素：①与子女共同生活的一方是否因患严重疾病或者因伤残没有能力继续抚养子女；②与子女共同生活的一方是否未尽抚养义务或有虐待子女行为，或其与子女共同生活是否对子女身心健康有不利影响；③八周岁以上的未成年子女，是否愿意随另一方生活，以及该方是否具有抚养教育子女的能力。

离婚后，不直接抚养子女的父亲或者母亲，有探望子女的权利，另一方有协助的义务。对于拒不协助另一方行使探望权的有关个人或者组织，可以由人民法院依法采取拘留、罚款等强制措施，但是不能对子女的人身、探望行为进行强制执行。行使探望权的方式、时间由当事人协议；协议不成的，由人民法院判决。探望不应以负担子女生活费用、教育费用为前提，也不以是否再婚为前提。探望的方式包括直接见面、短期共同生活，也可以是通信等方式。父亲或者母亲探望子女，不利于子女身心健康的，由人民法院依法中止探望权，中止事由消失后，应当恢复其探望的权利。中止的事由主要包括享有探望权的一方是无民事行为能力人、限制民事行为能力人、患有严重的传染性疾病或对子女有侵权行为、严重损害未成年子女利益等。值得注意的是，探望权制度的立法目的不仅是为了满足未直接抚养方对于孩子的情感联系需要，更是为了保障孩子在父母双方的关爱下健康成长，最大程度降低父母离婚对孩子在情感关爱和亲情呵护方面造成的负面影响。现实生活中亦会出现夫妻离婚之后，不直接抚养子女一方不履行探望义务，致使未成年子女因缺少父亲或者母亲的陪伴而日渐消沉的情况。我国《民法典》及司法解释对不行使探望权的后果没有作出明确规定，但根据儿童利益最大化原则及父母对未成年子女负有抚养教育义务的规定可知，探望不仅仅是一项权利，更是基于父母子女关系所衍生出来的一项职责和义务。因此，夫妻双方离婚后，不直接抚养子女一方不可以以探望权是其享有的一项权利而非义务，其有权放弃权利为由不履行探望义务。

探望权是指离婚后未直接抚养子女的父母一方依法享有的在一定时间，以一定方式探视与看望子女的权利。我国《民法典》婚姻家庭编规定享有探望权的主体为不直接抚养子女的父亲或者母亲，而没有直接规定爷爷奶奶或者外公外婆（隔代）的亲属探望权，但是现实生活中确实存在探望隔代亲属的诉求。2020 年 7 月 9 日，广州市中级人民法院召开弘扬社会主义核心价值观十大典型案例新闻发布会，发布了十个弘扬社会主义核心价值观的典型案例。十大案例分别从男女平等、家庭和谐等不同角度体现和弘扬了社会主义核心价值观。其中的典型案例三即“祖父母隔代探望孙子案”。本案基本案情是：徐某炳、王某烈的儿子徐某与冼某菁结婚后生育徐某承，2016 年 1 月 4 日，徐某突发疾病去世后，冼某菁独自抚养徐某承。2016 年 2 月 28 日，徐某炳与冼某菁签订书面协议，约定：由徐某炳出资、以儿子徐某名义购买的两套房屋的租金由冼某菁代收，所收租金用于保障冼某菁及徐某承的生活、学习等费用之需。徐某炳、王某烈主张自从徐某去世以后两年多的时间里，冼某菁以各种理由拒绝徐某炳、王某烈探望孙子，遂向法院起诉，请求行使探望权。[28]广州市越秀区人民法院审理本案认为，虽然我国法律规定的“探望权”仅限于父母对子女的探望，但从“法无禁止即可为”的原理理解，法律并未禁止爷爷奶奶与外公外婆对孙子女、外孙子女的探望。从社会公德和家庭伦理道德角度而言，祖父母、外祖父母探望其孙子女、外孙子女是人之常情、生活所需及精神所要。只要这种正常探望不影响未成年人的健康成长，就应当予以支持。

我国《民法典》第十条规定：“处理民事纠纷，应当依照法律；法律没有规定的，可以适用习惯，但是不得违背公序良俗。”因此，从公序良俗、社会公共利益、家庭伦理道德的角度出发，应当赋予爷爷奶奶或者外公外婆对随母亲（父亲）生活的孙（外孙）子女的隔代探望权。当然在他们行使探望权期间，如果存在对孙（外孙）子女成长不利的行为，

[28]“广州市中级人民法院”微信公众号．涉邻里关系、文明出行……广州中院发布弘扬社会主义核心价值观十大典型案例，2020-7-10.

可适时中止探望。有学者认为隔代探望的主张，在“儿童利益最大”目的、法无禁止即可为的私法自治精神以及情理司法裁判考量等角度均具合理性与必要性。因而，隔代探望应当作为一种相对独立的权利样态予以承认和尊重[29]。

4.10 “夫妻 AA 制”与离婚家务劳动经济补偿

所谓夫妻 AA 制，是指在婚姻家庭的支出中采用个人独立核算的消费模式。比如请客、购物、打车等费用都自理，只在买房、投资类等大项目上平均负担，或约定出资比例，财产签署两个人名字。夫妻间并不知道彼此的详细收入，拥有各自的银行存款，每一件家产的所有人区分的很清楚。“夫妻 AA 制”是夫妻约定财产制的一种表现形式。原《婚姻法》第十九条规定：“夫妻可以约定婚姻关系存续期间所得的财产以及婚前财产归各自所有、共同所有或部分各自所有、部分共同所有。约定应当采用书面形式。没有约定或约定不明确的，适用本法第十七条、第十八条的规定。”原《婚姻法》第四十条规定：“夫妻书面约定婚姻关系存续期间所得的财产归各自所有，一方因抚育子女、照料老人、协助另一方工作等付出较多义务的，离婚时有权向另一方请求补偿，另一方应当予以补偿。”不难看出，按照原《婚姻法》的规定，全职家庭主妇离婚时若想获得经济补偿，前提是：夫妻书面约定婚姻关系存续期间所得的财产归各自所有。甚至可以这么理解：在“夫妻 AA 制”的前提下全职太太才有可能在离婚时获得家务劳动经济补偿。很显然，这对全职太太或者全职丈夫是非常不公平的。

---

[29] 庄绪龙．“隔代探望”的法理基础、权利属性与类型区分 [J]. 法律适用，2017（12）：82–90.

2021 年 1 月 1 日生效的《民法典》第一千零八十八条规定，夫妻一方因抚育子女、照料老年人、协助另一方工作等负担较多义务的，离婚时有权向另一方请求补偿，另一方应当给予补偿。具体办法由双方协议；协议不成的，由人民法院判决。该条规定说明:《民法典》时代，全职太太或者全职煮夫获取离婚家务劳动经济补偿无需“夫妻 AA 制”或者说无需夫妻约定财产制前提。不论夫妻双方是否对财产状况有过约定，承担较多家务的一方都有权在离婚时行使离婚家务劳动补偿请求权。家务劳动的价值在《民法典》时代更被看重，在实际生活中，因性别分工、传统观念的影响，抚育子女、照顾老人、协助另一方工作等负担较多义务的绝大多数是女性。因此，《民法典》扩大了离婚家务劳动经济补偿的适用范围，实际上就是增强了对妇女权益的保护。肯定全职太太的家务劳动价值，消除丈夫对从事家务劳动妻子的歧视，传递夫妻双方平等互爱、共同承担家庭责任的价值导向，这是《民法典》彰显社会主义核心价值观的具体体现，同时也彰显了法律制度对权利的保护及对人的关怀。

2021 年 4 月 7 日，“广东普法”微信公众号发布了一篇名为《一全职太太离婚获“家务补偿”93 万！》的报道，引发了诸多关注。实际上，该案判决结果是夫妻共同财产房屋和男方名下的财产全部归男方所有，由男方支付 93 万元给女方。这 93 万元其实应该视为离婚财产的分配所得，也许里面含有部分离婚经济补偿，但是如果按照财产平分来看，即使里面含有家务劳动补偿，所占比例也很少，远远达不到 93 万元。因为司法实践中对家务劳动的价值评定还没有形成一个统一的标准，所以全职太太们离婚时如何获得足额的公平公正的离婚家务劳动经济补偿仍然是一个需要不断探索的问题。

5

收养关系不轻废，养育之恩不可忘

5.1 主题词：收养

温情电视剧《养父的花样年华》是由中央电视台、沈阳广播电视台等联合出品，于2014年10月在中央电视台电视剧频道首播。该剧以二十世纪六七十年代为背景，讲述了一个养父三十年来含辛茹苦养大四个非亲生孩子的真情故事。电视剧倡导人与人之间应真诚相待，体现了和谐、友善、无私、宽容等真挚的情感和善心、真心、好心、良心的纯洁心灵。演绎真善美，传播正能量。《养父的花样年华》电视剧同时也向广大电视观众普及了收养这一民事法律行为。

收养是指自然人依据法律规定的条件和程序，收养他人的子女为自己的子女，并在法律上产生和亲生父母子女间相同的权利义务关系的民事法律行为。收养所涉及的主体包括送养人、收养人和被收养人。但收养行为的当事人只有收养人和被收养人。送养人是以未成年的被收养人的法定代理人的身份参与收养行为的。收养是一种要式的、以变更父母子女关系为目的的、在非直系血亲的自然人之间（长辈对晚辈）发生的民事法律行为。收养是解决社会现实问题的一种重要途径，是社会亲属制度不可缺少的组成部分。我国1950年《婚姻法》承认和保护合法的收养关系，但对于收养关系的成立、效力、终止等问题缺乏具体的规定。1991年颁布的《中华人民共和国收养法》使我国的收养制度终于以法律的形式固定下来。1991年《收养法》根据1998年11月4日第九届全国人民代表大会常务委员会第五次会议《关于修改〈中华人民共和国收养法〉的决定》修正。1998年《收养法》对比1991年《收养法》，修改的内容主要是适当放宽收养的条件以及进一步严格规范收养的程序。2020年5月28日，十三届全国人大三次会议表决通过了《中华人民共和国民法典》,《民法典》婚姻家庭编第五章规定我国收养法律制度。《民法典》自 2021 年 1 月 1 日起施行,《中华人民共和国收养法》同时废止。

5.2 中国古代的“立嗣承祧”制度

我国古代宗法制度实行以男性为中心的宗祧制度。与此相对应，古代收养制度大体分为“立嗣”和“乞养”两大类别。

立嗣即立后，是指男子无子，许立同宗辈分相当的他人之子为嗣子。立嗣的特点表现在：首先立嗣的目的是“承祧”，即承继奉祀祖先的宗庙，承继为后嗣。因此，只有男子没有儿子才能立嗣。其次立嗣的对象只能立同宗辈分相当的男性成员（一般为侄子）为嗣子。唐律规定，“自无子者，听养同宗于昭穆合者。”[30] 唐律惩治涉及收养的违法犯罪，主旨是维护收养的宗法原则，同时稳定收养过程中的社会秩序。涉及收养的违法罪名包括：①所养父母无子而舍去；②养异性男；③遗弃小儿年三岁以下。在刑罚处置上的特点是：①养父母自无子舍去养子者，徒二年。②收养异性男处罚双方：收养者，徒一年；给予者，笞五十。[31]《明律》和《清律》进一步规定：立嗣按照先亲后疏、先近后远的原则排列，不得立女子为嗣，也不得立异性子乱宗。最后立嗣可以“兼祧”，“兼祧”中的“祧”字，可以通俗理解为“挑”字，肩挑两头，一子两祧。“兼祧”在人选方面，也基本上是亲兄弟之间，就是让嫡亲侄子做后代，给自己养老。我国著名京剧表演艺术家梅兰芳先生的伯父没有子嗣，梅兰芳先生就是两房唯一的独苗。按照传统的宗族传承制度，梅兰芳先生一

[30] 钱大群 . 唐律疏议新注 [M]. 南京：南京师范大学出版社，2007：400.

[31] 钱大群 . 唐律疏议新注 [M]. 南京：南京师范大学出版社，2007：401.

人肩挑两房承嗣，他以祧子的身份，在迎娶原配王明华女士之后，又以正妻的礼仪迎娶福芝芳女士入门。

关于乞养。古代的乞养为非亲属之间的收养。唐律称为收养，明律清律称为乞养。与立嗣仅限定为同宗同姓的男子不同，乞养主要是基于怜悯之心而为，因此无论同姓异姓，不分男女，都可以收养。乞养的对象，法律规定为三岁以下的弃儿，实际上则不受此限制。收养人为义父母，被收养人为义子女。义子与义父之间并不发生宗祧继承财产的关系，也不得以无子为理由将义子立为嗣子。所以，立嗣的效力高于乞养，嗣子的地位高于义子。

5.3 不同于收养的寄养制度

家庭寄养，是指经过规定的程序，将民政部门监护的儿童委托在符合条件的家庭中养育的照料模式。

收养是一种民事法律行为，养父母和养子女的关系和亲生父母子女间的关系基本相同，收养是一种拟制血亲关系的行为，可以依法成立，也可以依法解除。寄养是指父母因特殊原因不能直接履行对子女的抚养义务，把子女寄托在他人家中生活的一种委托代养行为。寄养不发生父母子女关系的变更。通俗解释：寄养就是把子女托付给别人抚养。根据相关法律法规规定，“寄养”与“收养”的一个重要区别就是寄养是在不变更监护权的基础上进行，寄养儿童进入家庭寄养，由寄养家庭负责养育，被寄养儿童享受政府给予的生活、医疗与教育费用。家庭寄养是儿童福利事业社会化的一条重要途径。

寄养所依据的部门规章是民政部制定的《家庭寄养管理办法》，该管理办法于 2014 年 12 月 1 日正式实施。根据《家庭寄养管理办法》，寄养儿童的范围扩大，流浪乞讨生活无着落的未成年人也在寄养的范围内。另外寄养家庭的准入门槛已提高，对寄养家庭的要求比以前更加严格，规定了每个家庭寄养的儿童不得超过两人。在人性化方面，管理办法扩大了寄养儿童范围，不仅规定未满十八周岁、监护权在县级以上地方人民政府民政部门的孤儿、查找不到生父母的弃婴和儿童可以被寄养，还提出“对流浪乞讨等生活无着未成年人承担临时监护责任的未成年人救助保护机构开展家庭寄养，参照本办法执行”。按照管理办法，对暂时查找不到父母或其他监护人的流浪未成年人，在继续查找的同时，要通过家庭寄养等多种方式予以妥善照顾。[32]在规范化方面，管理办法提高了寄养家庭的准入“门槛”。为了让适合寄养的儿童回归到更具稳定性且功能健全的家庭，管理办法明确了寄养家庭在居住条件、收入水平、健康状况、道德品行、主要照料人年龄等方面应当具备的条件。

中华人民共和国民政部制定的《家庭寄养管理办法》规定：寄养家庭，是指经过规定的程序，受县级以上地方人民政府民政部门或者民政部门批准的家庭寄养服务机构委托，寄养不满十八周岁的孤儿、查找不到生父母的弃婴和儿童的家庭。寄养家庭应当同时具备以下条件：①有寄养服务机构所在地的常住户口和固定住所。被寄养儿童入住后，人均居住面积不低于当地人均居住水平。②有稳定的经济收入，家庭成员人均收入水平在当地人均收入中处于中等水平以上。③家庭成员未患有传染病或者精神疾病，以及其他不利于被寄养儿童成长的疾病。④家庭成员无犯罪记录，无不良生活嗜好，关系和睦，与邻里关系融洽。⑤主要照料人的年龄在三十至六十五岁之间，身体健康，具有照料儿童的能力、

[32] 李想．民政部出台管理办法规范家庭寄养 突出人性化、专业化（2014-09-28）.http：//gongyi.china.com.cn/2014-09/28/content_7268116.htm，2021-11-30.

经验，初中（或相当于）以上文化程度。具有社会工作、医疗康复、心理健康、文化教育等专业知识的家庭和自愿无偿奉献爱心的家庭，同等条件下优先考虑。

寄养家庭应当履行下列义务：①保障寄养儿童人身安全，尊重寄养儿童人格尊严；②为寄养儿童提供生活照料，满足日常营养需要，帮助其提高生活自理能力；③培养寄养儿童健康的心理素质，树立良好的思想道德观念；④按照国家规定安排寄养儿童接受学龄前教育和义务教育。负责与学校沟通，配合学校做好寄养儿童的学校教育；⑤对患病的寄养儿童及时安排医治。寄养儿童发生急症、重症等情况时，应当及时进行医治，并向儿童福利机构报告；⑥配合儿童福利机构为寄养的残疾儿童提供辅助矫治、肢体功能康复训练、聋儿语言康复训练等方面的服务；⑦配合儿童福利机构做好寄养儿童的送养工作；⑧定期向儿童福利机构反映寄养儿童的成长状况，并接受其探访、培训、监督和指导；⑨及时向儿童福利机构报告家庭住所变更情况；⑩保障寄养儿童应予保障的其他权益。

5.4　合法的收养应符合的条件

一般收养成立的实质要件包括被收养人、收养人和送养人须符合的条件。被收养人需符合的条件包括：①被收养人属于未成年人。②被收养人是丧失父母的孤儿；或者是查找不到生父母的未成年人；或者是生父母有特殊困难无力抚养的子女。收养人应当同时具备下列条件：①无子女或者只有一名子女；②有抚养、教育和保护被收养人的能力；③未患有在医学上认为不应当收养子女的疾病；④无不利于被收养人健康成长的违法犯罪记录；⑤年满三十周岁。下列个人、组织可以作为送养人：①孤儿的监护人；②儿童福利机构；③有特殊困难无力抚养子女的生父母。关于一般收养成立的实质要件需要注意的关键点包括：①未成年人的父母均不具备完全民事行为能力且可能严重危害该未成年人的，该未成年人的监护人可以将其送养。②监护人送养孤儿的，应当征得有抚养义务的人同意。有抚养义务的人不同意送养、监护人不愿意继续履行监护职责的，应当依照《民法典》总则编的规定另行确定监护人。③生父母送养子女，应当双方共同送养。生父母一方不明或者查找不到的，可以单方送养。④有配偶者收养子女，应当夫妻共同收养。⑤配偶一方死亡，另一方送养未成年子女的，死亡一方的父母有优先抚养的权利。⑥收养人收养与送养人送养，应当双方自愿。收养八周岁以上未成年人的，应当征得被收养人的同意。

特殊收养成立的实质要件包括以下几种情况：①无配偶者收养异性子女的，收养人与被收养人的年龄应当相差四十周岁以上。②收养三代以内旁系同辈血亲的子女时不必具备以下条件：被收养人为生父母有特殊困难无力抚养的子女。送养人为有特殊困难无力抚养子女的生父母。无配偶者收养异性子女的，收养人与被收养人的年龄应当相差四十周岁以上。③收养孤儿、残疾未成年人或者儿童福利机构抚养的查找不到生父母的未成年人，可以不受以下条件的限制：收养人无子女或者只有一名子女。无子女的收养人可以收养两名子女；有子女的收养人只能收养一名子女。④继父或者继母经继子女的生父母同意，可以收养继子女。收养继子女的可以不受以下条件的限制：被收养人为生父母有特殊困难无力抚养的子女。送养人为有特殊困难无力抚养子女的生父母。收养人无子女或者只有一名子女；有抚养、教育和保护被收养人的能力；未患有在医学上认为不应当收养子女的疾病；无不利于被收养人健康成长的违法犯罪记录；年满三十周岁。无子女的收养人可以收养两名子女；有子女的收养人只能收养一名子女。

收养应当向县级以上人民政府民政部门登记。收养关系自登记之日起成立。收养查找不到生父母的未成年人的，办理登记的民政部门应当在登记前予以公告。收养关系当事人愿意签订收养协议的，可以签订收养协议。收养关系当事人各方或者一方要求办理收养公证的，应当办理收养公证。县级以上人民政府民政部门应当依法进行收养评估。收养评估是指民政部门对收养申请人是否具备抚养、教育和保护被收养人的能力进行调查、评估，并出具评估报告的专业服务行为。收养评估应当遵循最有利于被收养人的原则，独立、客观、公正地对收养申请人进行评估，依法保护个人信息和隐私。民政部门进行收养评估，可以自行组织，也可以委托第三方机构开展。委托第三方机构开展收养评估的，民政部门应当与受委托的第三方机构签订委托协议。收养评估内容包括收养申请人以下情况：收养动机、道德品行、受教育程度、健康状况、经济及住房条件、婚姻家庭关系、共同生活家庭成员意见、抚育计划、邻里关系、社区环境、与被收养人融合情况等。收养申请人与被收养人融合的时间不少于 30 日。民政部门开展收养评估工作可以最大限度地保护被收养人的合法权益，有助于为被收养人创造一个良好的抚养和教育环境，确保其健康成长。根据民政部 2020 年 12 月 30 日印发的《收养评估办法（试行）》（2021 年 1 月 1 日起施行），中国内地居民在中国境内收养子女的，按照《收养评估办法（试行）》进行收养评估。但是，收养继子女的除外。

收养评估具体流程如下：①书面告知。民政部门收到收养登记申请有关材料后，经初步审查收养申请人、送养人、被收养人符合《中华人民共和国民法典》《中国公民收养子女登记办法》要求的，应当书面告知收养申请人将对其进行收养评估。委托第三方机构开展评估的，民政部门应当同时书面告知受委托的第三方机构。②评估准备。收养申请人确认同意进行收养评估的，第三方机构应当选派 2 名以上具有社会工作、医学、心理学等专业背景或者从事相关工作 2 年以上的专职工作人员开展评估活动。民政部门自行组织收养评估的，由收养评估小组开展评估活动。③实施评估。评估人员根据评估需要，可以采取面谈、查阅资料、实地走访等多种方式进行评估，全面了解收养申请人的情况。④出具报告。收养评估小组和受委托的第三方机构应当根据评估情况制作书面收养评估报告。收养评估报告包括正文和附件两部分：正文部分包括评估工作的基本情况、评估内容分析、评估结论等；附件部分包括记载评估过程的文字、语音、照片、影像等资料。委托第三方机构评估的，收养评估报告应当由参与评估人员签名，并加盖机构公章。民政部门自行组织评估的，收养评估报告应当由收养评估小组成员共同签名。收养评估报告应当在收养申请人确认同意进行收养评估之日起 60 日内作出。收养评估期间不计入收养登记办理期限。收养评估报告应当作为民政部门办理收养登记的参考依据。

5.5 最有利于被收养人原则

收养应当遵循最有利于被收养人的原则，保障被收养人和收养人的合法权益。禁止借收养名义买卖未成年人。《民法典》明确规定符合条件的十八周岁以下未成年人均可被收养。《民法典》扩大了被收养人的范围，主要是考虑到了现实生活中存在的一些失去独生子女的家庭，在父母年龄已经偏大的情况下再去收养一名年龄很小的孩子是不切合实际的，故《民法典》扩大了被收养人的范围，规定符合法律规定条件的十八周岁以下的未成年人均可被收养。我国《民法典》婚姻家庭编新增的许多关于收养制度的规定，比如“收养八周岁以上未成年人的，应当征得被收养人的同意”“收养人须无不利于被收养人健康成长的违法犯罪记录”“无配偶者收养异性子女的，收养人与被收养人的年龄应当相差四十周岁以上”“收养查找不到生父母的未成年人的，办理登记的民政部门应当在登记前予以公告”“县级以上人民政府民政部门应当依法进行收养评估”——均体现了“最有利于被收养人”原则，体现了党和政府对未成年人的关爱，是收养制度不断完善和社会文明进步的标志。

2016 年 4 月，安安的生父周某、生母王某经人民法院调解达成离婚协议，安安随父亲周某生活。2016 年 8 月，周某因外出打工需要将安安委托给朋友金某代为照顾。但一段时间里，周某没有顾及与金某沟通孩子的情况，金某遂对周某产生不满。2017 年 2 月，金某故意报警，称她母亲捡到一名男婴，后派出所出具了捡拾弃婴报案的证明。6 月 30 日，鲍某、郑某夫妇向民政局申请收养该男婴，民政局为其办理了收养登记。半年后，安安的亲生父亲周某从外地回来，方才知道自己的儿子已被北京市居民鲍某夫妇收养了。2018 年 2 月，周某、王某将海安市民政局告上法院，后被裁定驳回起诉。周某不服提起上诉，南通中院二审裁定撤销一审法院作出的驳回起诉裁定，指定南通开发区法院继续审理。案件审理过程中，金某作为证人在法庭上承认，周某当年系将孩子托她照顾，她报警时所说的捡拾弃婴不是事实。周某则告诉法官，他外出打工时迫于谋生的压力，没有及时关爱孩子，当生活条件逐渐好转之后，他就立刻想到要接回寄养的儿子，万万没料到儿子却已经被他人收养了。本案事实清楚，2020 年 3 月，南通开发区法院判决撤销民政局作出的收养登记。然而鲍某夫妇已经抚养了安安接近 3 年，对孩子产生了深厚的感情。因此，鲍某夫妇不服，并向南通中院提起上诉。南通中院经调查后发现，在鲍某夫妇提出收养申请当天，民政局便制作并发放了收养登记证。而我国相关法律法规明确规定，收养查找不到生父母的弃婴和儿童的，办理登记的民政部门应当在登记前予以公告。

符合法定收养条件的人申请收养，必须经过三个步骤：①应亲自到收养登记机关办理登记手续，并提交相应收养材料；②收养登记机关收到收养登记申请书及有关材料后，应当自次日起三十日内进行审查，收养查找不到生父母的弃婴、儿童的，收养登记机关应当在登记前公告查找其生父母；自公告之日起满 60 日，弃婴、儿童的生父母或者其他监护人未认领的，视为查找不到生父母的弃婴、儿童。公告期间不计算在登记办理期限内。③经审查，对符合《民法典》规定条件的，办理收养登记，发给收养登记证，收养关系自登记之日起成立。具体到本案，人民法院认定民政局办理收养过程中，没有依法履行审查义务，对公安机关提供的材料审查有疏漏，没能对领养人申请材料存在的疑点进行核实，导致错误地将安安认定为弃婴，并确认了收养关系。根据法律规定，查找不到生父母的弃婴和儿童可以被收养，但金某关于捡拾婴儿的报警内容纯属虚假，因此安安并不属于查找不到生父母的情况。2020 年 5 月 28 日，南通中院对这起备受关注的“寄养‘弃婴’被收养案”作出维持原判的终审判决。同时，对金某向公安机关、民政局、一审法院所作的虚假陈述的行为，南通中院于 6 月 3 日作出罚款决定书，对金某予以罚款 1 万元。[33]

江苏省南通市该起“寄养婴儿被收养案”说明，收养这一法律行为

---

[33] 高鸿、顾建兵 . 非法的收养关系不受法律保护 [N]. 人民法院报，2020-11-16（3）.

可以帮助弃婴找回家庭的温暖，也可以让脆弱无助的生命得到关爱与照顾。但是收养必须坚守最有利于被收养人的原则，收养的程序必须合法。否则不但不能保证孩子的权益，还会引发一系列的后续问题，进而造成社会的不稳定并埋下重重隐患。

6

未留遗嘱，遗产如何分配

6.1 主题词：法定继承

在中国几千年的奴隶社会、封建社会中，不存在真正意义上的私有财产，正如《诗经》中所言："普天之下，莫非王土，率土之滨，莫非王臣。"在古代等级社会，更多的是对身份与地位的继承，伴随着对身份与地位的继承，相应地拥有了该等级所能享有的权利与财富。关于身份与地位的继承，从周朝开始一直采用"嫡长子继承制"。据《史记·郦生陆贾列传》记载，汉初名臣陆贾曾出使南越。陆贾辞官回乡后把出使南越所得的宝物变卖成千金平均分给五个儿子，避免了儿子之间的财产纷争，成为"陆贾分金"成语的来源。既然五个儿子每人都有份，说明曾经的"嫡长子继承制"几乎不复存在。中国古代财产继承制正式为国家法律所承认，大概起始于唐朝。这与唐朝是一个经济发展相对较好、法律也趋于完备的盛世有关。历史上第一份流传至今的书面遗嘱《尼灵惠唯书》（一份包含遗嘱内容的文书），最早发现于唐朝敦煌遗书。[34]

继承制度是一项古老的法律制度，与一定的社会经济条件密切相关，其目的在于将财富保留在家庭中，让每一代人的奋斗都可以传承，实现老有所养、幼有所依；通过亲人之间的相互扶持，密切代际联系，激发家庭成员创造财富的积极性。现代社会的继承主要包括法定继承和遗嘱继承两种方式，遗赠属于遗嘱继承的特殊类型。

法定继承是指被继承人死亡后，在没有遗赠扶养协议和遗嘱继承的情况下，直接根据法律规定的继承人的范围、顺序和份额等，将遗产转移给继承人的继承方式。法定继承人是根据《民法典》的规定直接取得

[34] 钟书林 . 一件奇特的盟书——敦煌写本 S.2199《尼灵惠唯书》之探析 [J]. 唐都学刊，2010（6）：17-21.

继承资格的人。法定继承人的范围是由法律直接规定而非由被继承人决定。《民法典》对法定继承人的范围做了严格的规定：①配偶。夫妻双方互为配偶，是专指婚姻关系存续期间的夫妻双方。已经离婚的前夫、前妻，不是继承法律制度上的配偶。②子女。这里所称子女，包括婚生子女、非婚生子女、养子女和有抚养关系的继子女。不同身份的子女的继承权平等。继子女与继父母有抚养关系的，继子女既可以继承生父母的遗产，也可以继承继父母的遗产。③父母。这里所称的父母，包括生父母、养父母和有抚养关系的继父母。养父母子女之间的拟制血亲关系是依靠收养关系和对子女的抚养来维持的，两者缺一不可。尽了抚养义务的继父母与继子女之间的关系，是基于一种事实上的抚养关系而产生的特殊的拟制血亲关系。④兄弟姐妹。这里所称的兄弟姐妹，包括同父母的兄弟姐妹、同父异母或同母异父的兄弟姐妹、养兄弟姐妹、有扶养关系的继兄弟姐妹。继兄弟姐妹之间相互继承了遗产的，不影响其继承亲兄弟姐妹的遗产。⑤祖父母与外祖父母。祖父母在法律上是指父亲的父母。外祖父母在法律上是指母亲的父母。⑥对公婆尽了主要赡养义务的丧偶儿媳和对岳父母尽了主要赡养义务的丧偶女婿。丧偶儿媳对公婆，丧偶女婿对岳父母尽了主要赡养义务的，作为第一顺序继承人。

我国的法定继承分为两个顺序，第一顺序继承人包括配偶、子女、父母、对公婆尽了主要赡养义务的丧偶儿媳和对岳父母尽了主要赡养义务的丧偶女婿；第二顺序继承人包括兄弟姐妹、祖父母和外祖父母。继承开始后，由第一顺序继承人继承，第二顺序继承人不继承。没有第一顺序继承人的，由第二顺序继承人继承。即不论第一和第二顺序的继承人的人数如何，只要有第一顺序的继承人，就排除一切第二顺序的继承人继承。在同一顺序的法定继承人中，各继承人的法律地位平等，继承份额一般均等。对生活有特殊困难又缺乏劳动能力的继承人，分配遗产时，应当予以照顾。对被继承人尽了主要扶养义务或者与被继承人共同生活的继承人，分配遗产时，可以多分。有扶养能力和扶养条件的继承人，不尽扶养义务的，分配遗产时，应当不分或者少分。继承人协商同意的，也可以不均等。对继承人以外的依靠被继承人扶养的人，或者继承人以外的对被继承人扶养较多的人，可以分给适当遗产。继承人应当本着互谅互让、和睦团结的精神，协商处理继承问题。遗产分割的时间、办法和份额，由继承人协商确定；协商不成的，可以由人民调解委员会调解或者向人民法院提起诉讼。

6.2 死亡时间的先后直接影响遗产的分配

《民法典》第一千一百二十一条的规定明确了“继承开始的时间及死亡先后的推定”问题：继承从被继承人死亡时开始。相互有继承关系的数人在同一事件中死亡，难以确定死亡时间的，推定没有其他继承人的人先死亡。都有其他继承人，辈份不同的，推定长辈先死亡；辈份相同的，推定同时死亡，相互不发生继承。

2013 年 10 月 1 日，周英杰和蔡和平结婚，婚后生育一子周伟杰。周英杰夫妇共同经营南方文化公司，由于经营有方，经济效益较好。2021 年 7 月，周英杰夫妇携带儿子周伟杰去外地旅游，在游览地乘坐游船时，不幸遭遇翻船事故，一家三口全部遇难。丧事料理完毕，周英杰的唯一亲人、已结婚的弟弟周少杰清理了全部遗产，包括四室两厅的豪华住宅一套、宝马轿车一辆、存款 800 万元及其他物品。周少杰打算以周英杰弟弟的身份将上述遗产全部继承。而蔡和平的唯一亲人其父蔡立志则认为，这份遗产他应该分到一半，因为这些财产是蔡和平和周英杰一起经营所得，属于蔡和平的部分他当然有权利要求继承。双方为此发生争执，蔡立志诉至人民法院，要求依法维护其继承权益。根据我国《民法典》第一千一百二十一条的规定，本案中，推定周英杰和蔡和平同时死亡，彼此不发生继承，财产全部由他们各自的继承人分别继承，周伟杰继承了父母的财产之后死亡，财产由周伟杰的继承人继承，因最后不存在第一顺位法定继承人，由第二顺位法定继承人周伟杰的外祖父蔡立志继承遗产。（本案例中的名字为化名）

6.3 让法律既有力度又有温度——继承宽宥制度

继承权，是指继承人所享有的继承被继承人遗产的权利，体现为继承人的继承地位。根据我国《民法典》第六编继承编的规定，我国公民财产继承权取得的根据是婚姻关系、血缘关系和扶养关系。继承权的丧失，是指继承人因对被继承人或其他继承人犯有某些严重的犯罪或违法行为，经人民法院判决剥夺其继承权或依法律规定自然失去继承权。继承人有下列行为之一的，丧失继承权：①故意杀害被继承人。②为争夺遗产而杀害其他继承人。③遗弃被继承人，或者虐待被继承人情节严重。④伪造、篡改、隐匿或者销毁遗嘱，情节严重。⑤以欺诈、胁迫手段迫使或者妨碍被继承人设立、变更或者撤回遗嘱，情节严重。继承人有前述第③项至第⑤项行为，确有悔改表现，被继承人表示宽恕或者事后在遗嘱中将其列为继承人的，该继承人不丧失继承权。继承权丧失的时间，可以发生在被继承人死亡以前，也可以发生在被继承人死亡之后。上述前两种情形下被剥夺继承权是绝对丧失，即使被继承人表示宽恕也不能免除；后三种情形下，属于相对丧失，如果被继承人表示宽恕，继承权可以不予剥夺。这就是所谓的继承宽宥制度。《民法典》继承编中规定的宽宥制度体现了国家对于公民私有财产的保护和尊重，可以使其与继承权丧失制度相互配合与助力，敦促继承人或是具有继承期待利益的人，在婚姻家庭中始终秉持夫妻和睦、兄弟互助、养老育幼、诚信孝顺的理念，践行社会主义核心价值观，让家庭财富在家庭中具备德行的人手中发挥作用，更好地保障社会公平正义。

《民法典》继承编中的继承宽宥制度，是一个既有力度又有温度的制度。虽然不是每一个家庭都会出现继承权丧失和宽宥的情况，但却可以让每一个人感受到来自法律的关怀。

6.4 使亲属之间的联系更加紧密——代位继承

代位继承，是指被继承人的子女先于被继承人死亡时，由被继承人子女的晚辈直系血亲代替先死亡的长辈直系血亲继承被继承人遗产；在被继承人无配偶、子女、父母继承其财产，被继承人的兄弟姐妹又先于被继承人死亡时，由被继承人兄弟姐妹的子女代替先死亡的父母继承被继承人遗产的一项法定继承制度，又称间接继承、承租继承。先于被继承人死亡的继承人，称被代位继承人，简称被代位人。代替被代位人继承遗产的人称代位继承人，简称代位人。代位人代替被代位人继承遗产的权利，称为代位继承权。

我国《民法典》第一千一百二十八条规定了代位继承制度：被继承人的子女先于被继承人死亡的，由被继承人的子女的直系晚辈血亲代位继承。被继承人的兄弟姐妹先于被继承人死亡的，由被继承人的兄弟姐妹的子女代位继承。代位继承人一般只能继承被代位继承人有权继承的遗产份额。代位继承人的代位继承权是基于被代位继承人的继承权的存在而成立的。若被代位继承人丧失继承权，代位继承权就不能成立。但如果该代位继承人缺乏劳动能力又没有生活来源，或对被继承人尽赡养义务较多的，可适当分给遗产。代位继承只发生在法定继承中，不适用于遗嘱继承或遗赠。遗嘱继承人、受遗赠人先于遗嘱人死亡的，遗产中的有关部分按法定继承办理。在实际生活中，代位继承特别需要注意以下问题：①享有继承权的被代位人必须先于被继承人死亡。被代位人在继承开始前死亡，是发生代位继承的前提条件。②先死亡的被代位人必须是被继承人的子女或兄弟姐妹，其他继承人如被继承人的配偶、父母、祖父母、外祖父母等先于被继承人死亡不发生代位继承。③代位继承人必须是被继承人的子女的直系晚辈血亲或被继承人的兄弟姐妹的子女。被继承人的子女的直系晚辈血亲与被继承人的兄弟姐妹的子女不能同时代位继承。根据《民法典》第一千一百二十七条的规定，继承开始后，由第一顺序继承人继承，第二顺序继承人不继承。因此，当被继承人有配偶、子女、父母任意一人作为第一顺位继承人继承遗产，或被继承人的子女的直系晚辈血亲代位继承遗产时，被继承人兄弟姐妹不能继承，该兄弟姐妹的子女亦不能代位继承。当第一顺序继承人全部死亡，如存在被继承人的子女的直系晚辈血亲作为代位继承人时，只能发生该直系晚辈血亲的代位继承，不发生第二顺序继承人的本位继承，就不会发生被继承人的兄弟姐妹的子女代位继承。只有在被继承人没有第一顺位继承人，且没有被继承人的子女的直系晚辈血亲代位继承的情况下，被继承人的兄弟姐妹的子女才能够代位继承被继承人的遗产。

如：张某于 2021 年 5 月 11 日去世，有配偶余氏和儿子甲。其中甲已于 2020 年 7 月因心脏病发作死亡，有妻刘氏，儿子张 A，女儿张 B。5 月 18 日，张家开始处理遗产。张某生前没有任何债务，也未立遗嘱，因此适用法定继承。张某的法定继承人有配偶余氏和儿子甲。但儿子甲作为继承人先于被继承人张某死亡，故只能进行代位继承，即由其直系血亲中的卑亲属代位继承，即由儿子张 A 和女儿张 B 代位甲参与继承。

本案的财产由余氏、张 A 和张 B 三人一起继承。

又如：张某于 2021 年 5 月 11 日去世，张某无配偶和父母子女，有姐姐张氏和张氏之子甲。其中姐姐张氏已于 2020 年 7 月因心脏病发作死亡。5 月 18 日，张家开始处理遗产。张某生前没有任何债务，也未立遗嘱，因此适用法定继承。张某的法定继承人为第二顺位继承人姐姐张氏，但是张氏作为继承人先于被继承人张某死亡，故只能进行代位继承，即由姐姐张氏之子甲（张某的外甥）代位继承张某的财产。

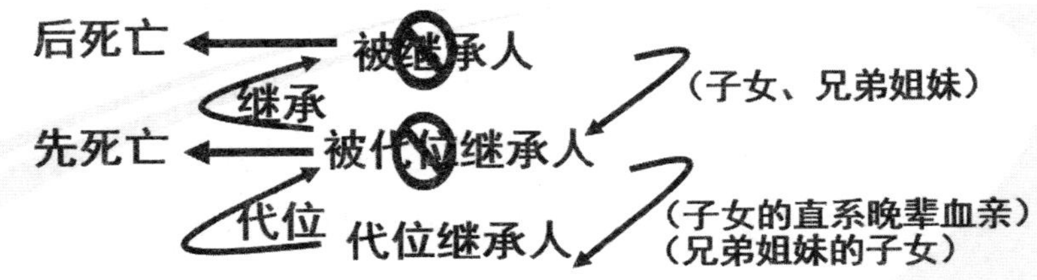

浙江省龙游县溪口镇某村有一位终身未娶、无儿无女的老人过世后留下一笔遗产（乡村征地补偿款），因为遗产的继承问题，亲人们产生了分歧。平时照顾老人日常生活起居、穿衣吃饭的是与老人同村的侄儿，他还为老人料理了后事。侄儿认为自己的父亲走得早，自己一直把叔叔当作父亲一样照料，并且给他养老送终，所以应当享有继承权。而老人的妹妹与大哥却不以为然。经咨询溪口法庭工作人员，叔侄三人得知：①在《民法典》施行前，像老人这样的情况，去世后不存在第一顺序继承人的前提下，由第二顺序继承人继承其遗产，也就是说他的兄弟姐妹有继承权，而侄儿的父亲因为在侄儿叔叔之前去世，作为侄儿是不享有继承权的。②但在《民法典》施行后，根据相关规定，本案这种情况，侄儿是有权继承叔叔遗产的。③我国《民法典》规定，被继承人的兄弟姐妹先于被继承人死亡的，由被继承人的兄弟姐妹的子女代位继承，同一顺序继承人继承遗产的份额，一般应当均等，对被继承人尽了主要抚养义务或者与被继承人共同生活的继承人，分配遗产时，可以多分。[35]侄儿的姑姑很惭愧，建议叔侄三人一起继承老人的遗产并且提议给为叔叔养老送终的侄儿多分。侄儿却婉拒了姑姑的好意，最终叔侄三人按均等比例继承了该笔遗产，没有因为继承问题走到亲人反目对簿公堂的地步。

对比原《中华人民共和国继承法》,《民法典》增加“被继承人的兄弟姐妹先于被继承人死亡的，由被继承人的兄弟姐妹的子女代位继承”的规定，将兄弟姐妹纳入被代位人的范围，可以保障家庭私有财产在血缘家族内部的传承，减少产生无人继承财产的状况。在促进亲属关系发展，加强亲属之间的沟通与交流方面起到积极作用。引导人们重视亲情，鼓励亲属之间相互扶持、养老育幼、守望相助。

[35] 祝丽燕．一次法律咨询解开一家人的“心结”[N]. 人民法院报，2021-08-23（4）.

7

多份遗嘱，效力孰重孰轻

7.1 主题词：遗嘱继承

我国香港特别行政区著名演员关海山，1925年出生于中国广州，后去香港发展。在20世纪经历过香港娱乐事业发展最繁荣的七八十年代，因在各类电影中扮演配角而出名，被称为“老戏骨”。1991年关海山参演电影《五亿探长雷诺传》，获得了当年香港电影金像奖最佳男配角与台湾金马奖最佳男配角的双奖项，是金像奖和金马奖的双料影帝。关海山一生当中一共有四位妻子，以及七个子女。在这几段婚姻中，关海山只和他的第四位妻子办理了结婚证明，其他三人皆为“有实无名”。2006年，80多岁高龄的关海山离世，许多圈内好友一同来送他最后一程。但是在葬礼这样的严肃场合，他的四位妻子及七个子女却在灵堂上公然争夺遗产，最终还大打出手，令人不胜唏嘘。[36]关海山生前并没有立下遗嘱，离世又太突然，最后由法院出面，将关海山的遗产按照法律分割完毕。如果关海山生前通过立遗嘱的方式提前安排好财产，把家人安排得明明白白，就不会出现灵堂上的闹剧。可见对于普通老百姓家庭来说，如果不安排好财产的继承问题，同样会破坏家庭和睦，导致亲情破灭，甚至使家庭纽带断裂。立遗嘱可以说是对家人对社会负责任的行为，更是对子孙后代的爱与祝福。

遗嘱是自然人按照法律规定的形式，在生前作出的对其死后的遗产如何处理的意思表示。遗嘱人订立遗嘱之后，可以变更、撤回自己所立的遗嘱。立遗嘱后，遗嘱人实施与遗嘱内容相反的民事法律行为的，视为对遗嘱相关内容的撤回。立有数份遗嘱，内容相抵触的，以最后的遗

---

[36]“中华遗嘱库”微信公众号．双料影帝关海山离世，4妻7子为争遗产大闹灵堂，2021-9-29.

嘱为准。遗嘱必须表示遗嘱人的真实意思，受胁迫、欺骗所立的遗嘱无效。伪造的遗嘱无效。遗嘱被篡改的，被篡改的内容无效。立遗嘱人在神志不清的状态下所立的遗嘱，应当认定为无效。所以建议老年人在身体健康的时候订立遗嘱。很多老年人会有忌讳，认为订立遗嘱是不吉利的事情，因此直到临终神志不清时才订立遗嘱，这很有可能会导致遗嘱被认定无效。

7.2 遗嘱的形式与效力

根据我国《民法典》的规定，遗嘱是要式法律行为。遗嘱的形式包括：①自书遗嘱由遗嘱人亲笔书写，签名，注明年、月、日。②代书遗嘱应当有两个以上见证人在场见证，由其中一人代书，并由遗嘱人、代书人和其他见证人签名，注明年、月、日。③打印遗嘱应当有两个以上见证人在场见证。遗嘱人和见证人应当在遗嘱每一页签名，注明年、月、日。④以录音录像形式立的遗嘱，应当有两个以上见证人在场见证。遗嘱人和见证人应当在录音录像中记录其姓名或者肖像，以及年、月、日。⑤遗嘱人在危急情况下，可以立口头遗嘱。口头遗嘱应当有两个以上见证人在场见证。危急情况消除后，遗嘱人能够以书面或者录音录像形式立遗嘱的，所立的口头遗嘱无效。⑥公证遗嘱由遗嘱人经公证机构办理。下列人员不能作为遗嘱见证人：①无民事行为能力人、限制民事行为能力人以及其他不具有见证能力的人。②继承人、受遗赠人。③与继承人、受遗赠人有利害关系的人。

赵大爷与杭州老太太袁大妈共生育了六个子女，自赵大爷2006年去世后，袁大妈便跟着小儿子赵明共同生活。2016年年初，八十三岁的袁大妈名下房产因某工程被征迁。同年5月，袁大妈来到杭州市某甲法律服务所，由该所两名基层法律工作者与其谈话并录音、制作谈话笔录，在谈话中袁大妈表示：去世之后将可能获得安置的房屋由小儿子赵明继承。同日，在两名基层法律工作者的见证下，双方签订了载明日期的见证书、遗嘱书等，并刻录一份含谈话录音的光盘。2021 年，袁大妈抽到一套 80 平方米的房屋。2021 年 5 月，袁大妈来到杭州某乙律师事务所，由该所三名律师及一名实习律师与其谈话并录音录像、制作谈话笔录。在谈话中，袁大妈明确表示：去世之后将因政府拆迁补偿的房屋给二儿子赵亮继承。同日，该所出具袁大妈捺印的律师见证书、承诺书、谈话笔录、医院出具的诊断证明书等资料，以及刻录有谈话录音录像的光盘。3 个月后，袁大妈去世。赵明和赵亮各持一份遗嘱，对这套房子的归属争执不下；其他姐妹则要求平分该房产。2021 年 10 月，赵明将自己的五位兄姐诉至人民法院，要求判令母亲因征迁安置的房屋由自己继承。人民法院审理后认为，应以袁大妈 2021 年订立的遗嘱为准，判决案涉房屋由赵亮继承。[37]

《民法典》第一千一百三十六条规定：打印遗嘱应当有两个以上见证人在场见证。遗嘱人和见证人应当在遗嘱每一页签名，注明年、月、日。《民法典》第一千一百三十七条规定：以录音录像形式立的遗嘱，应当有两个以上见证人在场见证。遗嘱人和见证人应当在录音录像中记录其姓名或者肖像，以及年、月、日。《民法典》第一千一百四十二条第三款规定：立有数份遗嘱，内容相抵触的，以最后的遗嘱为准。本案中，关于赵明提交的 2016 年的《遗嘱书》，其标题及内容均系打印，由袁大妈在立遗嘱人处签字捺印，两位基层法律工作者作为见证人签字，且注明年、月、日，因两名见证人未违反法律关于见证人资格的限制性规定，故该

---

[37] 案例改编自黄伟芬 . 杭州老太“一房许两儿”，两份有效遗嘱，6 个子女怎么分 .“钱江晚报”微信公众号，2021-8-27.

份打印遗嘱有效。关于赵亮提交的2021年律师见证书及录音录像，录音录像中袁大妈明确表达了其个人财产即案涉房屋给赵亮继承的意思表示，有两个以上见证人在场见证，袁大妈在录音录像中记录了姓名及肖像，见证人在录音录像中记录了肖像，录音录像中也载明了年、月、日，且见证人未违反法律关于见证人资格的限制性规定，故该份以录音录像形式所立的遗嘱也有效。

综上所述，袁大妈前后立了两份遗嘱，两份遗嘱均为有效遗嘱，但是内容却相互抵触。根据《民法典》的规定，立有数份遗嘱，内容相抵触的，以最后的遗嘱为准。袁大妈于2021年所订立的遗嘱是最后一份遗嘱，这之后再无其他更新的遗嘱。因此，人民法院依据《民法典》，以2021年的遗嘱为准，判决袁大妈因征迁安置的房屋由二儿子赵亮继承合理合法。

7.3 遗嘱自由与公序良俗的冲突

四川省泸州市某单位职工黄某和蒋某于1963年结婚，因妻子蒋某一直未能生育，后来夫妻二人收养了一个孩子，妻子不能生育或许为后来黄蒋之间的婚姻亮起红灯埋下伏笔。1995年，黄某与婚外异性张某以“夫妻”名义同居生活，妻子蒋某发现这一事实后，对丈夫进行苦劝但收效甚微。2001年2月，黄某确诊肝癌晚期，在其即将离世的日子里，婚外异性张某坚持以妻子的身份照料黄某。黄某于2001年4月18日立下遗嘱：将其依法所得的住房补贴金、住房公积金、抚恤金和变卖泸州市江阳区一套住房售价的一半（4万元）、手机一部遗赠给朋友张某一人所有。黄某该份遗嘱后在泸州市纳溪区公证处得到公证。4月22日，黄某去世，作为黄蒋夫妻的第三者张某凭借黄某生前立下的并经过公证的遗嘱向蒋某索取遗嘱中涉及的财产，遭到拒绝。张某遂向纳溪区人民法院提起诉讼，请求依据当时有效的《继承法》等相关法律的规定，判令被告人蒋某按遗嘱履行交付义务，同时对黄某遗产申请诉前保全。

自 2001 年 5 月 17 日起，纳溪区人民法院经过四次开庭审理后，于 10 月 11 日作出判决，法院认为：尽管《继承法》有明确的规定，本案中的遗赠也确实是黄某的真实意思表示，但黄某将遗产遗赠给婚姻之外的“第三者”违反了《民法通则》第七条“民事活动应当尊重社会公德，不得损害社会公共利益，破坏国家经济计划，扰乱社会经济秩序”的规定。[38] 在黄某的遗嘱自由与“公序良俗”（公共秩序与善良风俗）发生冲突的前提下，法院驳回了原告张某的诉讼请求。张某不服并向泸州市中级人民法院提起上诉。泸州市中级人民法院认为：①根据相关政策规定，抚恤金是死者单位对死者直系亲属的抚慰，黄某死后的抚恤金不属于他的个人财产，亦不属于遗赠财产的范围；②黄某的住房补助金、住房公积金属于夫妻共同财产，黄某未经蒋某同意，独自对夫妻共同财产进行处分，侵害了妻子蒋某的合法权益。[39] 故泸州市中级人民法院依法驳回张某的上诉，维持纳溪区人民法院的一审原判。

四川泸州“二奶遗赠案”属于遗嘱遗赠纠纷，应该适用当时的生效法律，即 1985 年的《继承法》。公证处已经证明了遗嘱是黄某的真实意思表示，遗嘱形式合法。1985 年《继承法》第十六条第三款规定：“公民可以立遗嘱将个人财产赠给国家、集体或者法定继承人以外的人”，确认了黄某遗赠形式上的合法性。然而，本案当时处于泸州民众甚至全国民众的关注之下，人们直接提出的问题就是：假若按照 1985 年《继承法》的规定，支持原告张某的诉求，那么也就是肯定了黄某“包二奶”的行

---

[38] 参见四川省泸州市纳溪区人民法院民事判决书 .【2001】纳溪民初字第 561 号 .

[39] 参见四川省泸州市中级人民法院民事判决书 .【2001】泸民一终字第 621 号 .

为并承认婚外异性可以从该种违法行为中获得利益。这与民法的“公序良俗”原则完全背道而驰，也违背了婚姻家庭法的基本原则。因此一审法院和二审法院的法官在审理本案时均恰当地运用了自由裁量权，适用1986年《民法通则》规定的基本原则，根据公序良俗和法律的整体精神进行判决，合理地协调了社会公德、法律原则与具体规则之间的关系。在解决矛盾纠纷的同时维护了法律的统一性和合理性，取得了良好的社会效果并产生了积极的社会影响，使案件的利益得以最大化。

本案放在今天的《民法典》时代，法官的判决也完全符合《民法典》总则编第八条“民事主体从事民事活动，不得违反法律，不得违背公序良俗”的规定，符合《民法典》婚姻家庭编第一千零四十三条“夫妻应当互相忠实，互相尊重，互相关爱”的规定。总之，任何自由都不是绝对和无条件的，我国的遗嘱自由是受到一定限制的相对自由，在形式自由、程序自由和内容自由三个方面，遗嘱自由就受到严格限制。例如，我国《民法典》规定：遗嘱应当为缺乏劳动能力又没有生活来源的继承人保留必要的遗产份额。遗产分割时，应当保留胎儿的继承份额等。由此可见，我国继承法律制度贯彻个人利益与社会利益相结合的原则，一方面承认遗嘱自由，另一方面也对遗嘱自由予以一定的限制，以便有利于稳定家庭关系，促进家庭成员之间的团结与和睦，亦高度符合社会主义核心价值观的要求。

7.4 打印遗嘱需谨慎，符合法律才算数

中华遗嘱库的数据显示，全国范围内订立遗嘱的人已经越来越年轻。网络上甚至出现了这样的话题：90后开始立遗嘱了。可是，你知道遗嘱有什么形式吗？打印的遗嘱有效吗？根据不完全统计，广州市中级人民

法院审理的家事纠纷案件中，约有百分之十五为继承案件，而继承案件中有三分之一的疑难问题发生在遗嘱上。[40] 在审理继承案件的过程中，广州中院的法官们表示见过很多因为遗嘱订立不规范而导致亲人反目、家族对簿公堂的场景，令人不胜唏嘘。例如：石先生与黄女士于 2013 年 4 月 8 日订立《遗嘱》一份，对属于夫妻共同财产的两套房产和双方的储蓄资金进行了约定，具体内容为“上述资产在任何一方（石先生或黄女士）逝世以后全部归属仍然生存一方（石先生或黄女士），由生存方全权继承逝世一方的遗产，由生存方按照子女尽赡养义务的实际情况，全权处置遗产，任何人不得加以干涉”。该遗嘱是在电脑上书写好并打印出来，并由石先生和黄女士签名各自盖上指模。黄女士于 2013 年 5 月去世。女儿小石认为遗嘱无效，起诉其父亲石先生，要求继承母亲黄女士的遗产。那么石某和黄某于 2013 年 4 月 8 日所立遗嘱是否合法有效？人民法院认定该遗嘱无效，按法定继承分割黄女士的遗产。[41]

原《中华人民共和国继承法》第十七条对遗嘱形式的规定如下：①公证遗嘱由遗嘱人经公证机关办理。②自书遗嘱由遗嘱人亲笔书写，签名，注明年、月、日。③代书遗嘱应当有两个以上见证人在场见证，由其中一人代书，注明年、月、日，并由代书人、其他见证人和遗嘱人签名。④以录音形式立的遗嘱，应当有两个以上见证人在场见证。⑤遗嘱人在危急情况下，可以立口头遗嘱。口头遗嘱应当有两个以上见证人在场见证。危急情况解除后，遗嘱人能够用书面或者录音形式立遗嘱的，所立的口头遗嘱无效。2020 年 5 月 28 日，十三届全国人民代表大会第三次

[40]“广州市中级人民法院”微信公众号 . 90 后立遗嘱上热搜？记住！遗嘱这样写才有法律效力，2019-10-16.

[41]“广州市中级人民法院”微信公众号 . 90 后立遗嘱上热搜？记住！遗嘱这样写才有法律效力，2019-10-16.

会议表决通过了《中华人民共和国民法典》，自 2021 年 1 月 1 日起施行。《民法典》生效后，《继承法》废止。《民法典》第六编继承编对比原《继承法》对遗嘱的形式增加了打印遗嘱和录像遗嘱两种形式。

遗嘱是要式法律行为，必须符合法定的形式才能产生法律效力。《民法典》新增打印遗嘱和录像遗嘱两种遗嘱形式，符合现实生活中的实际情况。随着社会经济的发展，人们的物质生活水平逐步提高，电脑、打印机等物品已经是触手可及的设备，已经成为大家工作与生活的必备品。所谓打印遗嘱，是指先用电脑将遗嘱内容书写完整，然后用打印机将书写好的遗嘱打印出来的遗嘱，对比传统书写遗嘱，打印遗嘱更加快捷、方便，也更加正式与美观。打印遗嘱要求两位见证人全程参与遗嘱的订立过程：即全程见证遗嘱人在电脑上书写遗嘱；全程见证电脑中的遗嘱被打印机打印出来；见证人与遗嘱人一起在每一页上均签名并注明年、月、日，以此才能确定打印遗嘱的真实性和合法性。

前述案例适用案发时的有效法律是《中华人民共和国继承法》。《中华人民共和国继承法》第十七条第二款规定，自书遗嘱由遗嘱人亲笔书写，签名，注明年、月、日。石先生辩称因《遗嘱》是由黄女士自己打印出来的，故属于自书遗嘱，该理由与《继承法》对自书遗嘱要求的“亲笔书写”不相符；石先生也没有能够举出足够的证据来证实《遗嘱》是由黄女士亲自打字并打印出来，所以人民法院对石先生关于《遗嘱》属于黄女士自书遗嘱的主张，不予采信。同时，《遗嘱》亦不符合代书遗嘱关于有两个见证人在场见证的要求。因此，前述案例中的《遗嘱》不符合《继承法》关于遗嘱法定形式的要求，属于无效遗嘱，人民法院判决黄女士的遗产应按法定继承处理。本案发生于 2013 年，适用案发时的有效法律是《继承法》，而制订颁布于 1985 年的《继承法》并未规定打印遗嘱的形式。假若本案发生于 2021 年 1 月 1 日《民法典》生效之后，石先生与黄女士订立打印遗嘱时按照《民法典》第一千一百三十六条的规定，有两个以上见证人在场见证，石先生、黄女士和见证人在遗嘱每一页签名，并注明年、月、日。那么石某和黄某所立遗嘱就是合法有效的打印遗嘱，人民法院就会驳回女儿小石对其父亲石先生的起诉。

7.5 微信遗嘱

中华遗嘱库是由中国老龄事业发展基金会和北京阳光老年健康基金会共同发起主办、由北京市工商联信息化商会协办的公益项目。中华遗嘱库面向老年人进行免费服务：凡年满六十周岁的老年人，填写申请表后，可以免费办理遗嘱咨询、登记和保管。中华遗嘱库是公益项目，对老年人的各项服务免费。但是，当“生前立遗嘱”的理念得到推广，对社会产生了推动效应，越来越多的人已经意识到遗嘱的作用，对于未满六十周岁的公民，尤其是高端人群逐渐出现的关于遗嘱的深度服务需求，中华遗嘱库将提供营利性的服务，并以此支持公益项目的扩展。2013 年成立的中华遗嘱库，至 2020 年底，共接收 19 万余份遗嘱。立遗嘱人最快 40 分钟就能完成所有环节，拿到一张身份证大小的遗嘱证。中华遗嘱库致力于向全社会传播幸福留言理念，帮助更多人管理好家庭事务，传递幸福与关爱、传承友善家风、和谐传承财富。

自新冠病毒肺炎疫情暴发以来，中华遗嘱库上线“微信遗嘱”小程序留言功能。2020 年，中华遗嘱库一共收到接近 7 万份“微信遗嘱”。在疫情最严重时，也就是 2020 年 2 月至 3 月期间，公众留下“微信遗嘱”的数量最多，最高峰时一天收到上千份“微信遗嘱”。数据显示，留下“微信遗嘱”的人群中，大多数是年轻人，他们的年龄段集中在二十岁至三十岁之间，占比 38.7%；其次是二十岁以下的人群，占比 27.4%，其中有不少是在读学生。[42]可见年轻人并不抗拒，也不反感立遗嘱，“微信遗嘱”还颇受年轻人青睐。关于“微信遗嘱”的法律效力问题，《民法典》继承编对遗嘱的形式有严格的要求，法定的遗嘱形式包括自书遗嘱、代书遗嘱、录音录像遗嘱、公证遗嘱、口头遗嘱和打印遗嘱。“微信遗嘱”并无遗嘱的法律效力，仅适用于处理非财产性的事务，包括传递信息和情感，寄托对亲友的叮咛嘱托、祝福问候或者交代某些个人事务。例如：“不管遇到什么困难挫折，你们都要勇敢面对，妈妈爱你们。我所有的银行卡都放在……，密码是……。”中华遗嘱库开通“微信遗嘱”的留言功能，目的正是在于让大家通过某种温馨的方式传递情感，传递爱意。

7.6 遗嘱信托

我国《民法典》第一千一百三十三条第四款规定：自然人可以依法设立遗嘱信托。遗嘱信托是指委托人通过遗嘱这种法律行为而设立的死后信托。委托人预先以立遗嘱方式，将财产的规划内容，包括交付信托后遗产的管理、分配、运用及给付等，详细订立于遗嘱中。等到遗嘱生效时，再将信托财产转移给受托人，由受托人依据信托的内容，也就是委托人遗嘱所交办的事项，管理处分信托财产。与金钱、不动产或者有价证券等个人信托业务相对比，遗嘱信托最大的不同点在于，遗嘱信托是在委托人死亡后契约才发生效力。

遗嘱信托可以延伸委托人的个人意志，妥善规划财产；以专业知识及技术规划遗产配置；避免继承人争夺遗产和提起诉讼；避免传统继承事务处理的缺点。同时遗嘱信托也可以根据受益人年幼、年长或其他原

[42]“法治日报”微信公众号．“微信遗嘱”一年有近7万人留言！有法律效力吗？2021-3-20.

因无法亲自打理财产而规定遗产的运作方式，尽量保证遗产的保值与增值，由专业机构帮助规划，防止财富被侵蚀，为后人留下更多资产。

据媒体报道，我国香港特别行政区著名演员沈殿霞女士去世前立下遗嘱，将留下的巨额遗产成立信托，受益人是她唯一的女儿郑欣宜。指定前夫郑少秋和信赖的朋友共同组成“信托监察人”，监督受托人在管理与运用信托财产时有无违反信托合同。沈殿霞女士进行遗嘱信托的目的在于：①避免女儿因年纪太小、涉世未深而挥霍遗产。②防止别有用心的人士觊觎庞大财产。③杜绝受托人“监守自盗”。沈殿霞女士生前通过遗嘱信托为遗产指定了资金用途的大致方向，例如将来女儿结婚时可以领取一定比例的资金（1000 万港元等），避免女儿一下子把遗产花光。有效地保障了女儿未来更长时间的生活，可谓用心良苦。沈殿霞女士的遗嘱信托完全可以称之为爱之所托。

2021 年 9 月 2 日，在中华遗嘱库长沙服务中心，二十五岁的湖南大学博士生邹先生，通过设立遗嘱慈善信托，将在自己去世后捐出全部存款给糖尿病公益机构[43]。这是自中华遗嘱库长沙服务中心成立以来，登记的首例遗嘱慈善信托[44]。可见遗嘱信托或者做慈善并非富人专享。普通老百姓也可以将自己的财产办理遗嘱信托，委托给专业机构或者信任的亲朋好友，将全部或部分财产，以信托的方式进行财富传承或者用于公益慈善事业。

[43]“法治周末报”微信公众号 . 首例遗嘱慈善信托：一位 25 岁博士的全部存款，2021–9–2.

[44] 遗嘱慈善信托通过“遗嘱 + 遗嘱执行人 + 信托合同”的模式设立 .

8

遗赠扶养，老有所依

8.1 主题词：遗赠扶养协议

2007 年 3 月 5 日，江苏卫视《人间》栏目播出的“天价征子”节目一时间引起各方议论与社会关注。南京六十岁王阿姨的独生儿子多年前留学美国，之后就在美国定居下来并娶妻生子。但王阿姨难以适应海外生活，更不愿意让儿子放弃已经在美国创下的事业，于是做出“天价征子”的举措。她欲通过媒体为自己征寻一个儿子或者女儿并且许诺：若征来的儿女让她满意的话，五年以后可以将自己的一套价值五十万元左右的房产和其他家产全部赠送给他（她）。王阿姨“天价征子”的举动一时间引起各方议论与社会对独生子女父母养老问题的关注。我国独生子女政策实行近三十年，现实生活中，独生子女因为工作地点的选择等问题使得他们不可能都生活在老人身边或者无法很好地对父母履行赡养义务，而父母也不愿意耽误独生子女的前程。在老龄化、少子化、城市化背景下如何解决独生子女父母的养老问题？“遗赠扶养协议”制度似乎是个不错的选择。

《中华人民共和国民法典》第一千一百五十八条规定：自然人可以与继承人以外的组织或者个人签订遗赠扶养协议。这里的“组织”包括集体所有制组织、养老院、慈善组织以及村民委员会、居民委员会等。按照协议，该组织或者个人承担该自然人生养死葬的义务，享有受遗赠的权利。遗赠扶养协议是双方法律行为，遗赠人如果享受了协议规定的供养权利，就不得单方面改变协议或者通过生前立遗嘱的方式将财产让与其他人。与遗赠不同的是，遗赠扶养协议发生法律效力的时间是在协议成立之时，而遗赠是在遗赠人死亡时发生法律效力。遗赠扶养协议的效力高于遗嘱继承和遗赠。遗赠扶养协议不同于一般的民事合同，遗赠扶养协议不以等价有偿为原则，一方的遗产是相对固定的，而另一方的扶养是不固定的终身，它是一种互助行为。《最高人民法院关于适用〈中华人民共和国民法典〉继承编的解释（一）》第四十条规定：继承人以外的组织或者个人与自然人签订遗赠扶养协议后，无正当理由不履行，导致协议解除的，不能享有受遗赠的权利，其支付的供养费用一般不予补偿；遗赠人无正当理由不履行，导致协议解除的，则应当偿还继承人以外的组织或者个人已支付的供养费用。

我国传统历来重视亲情，老年人更愿意居家养老。遗赠扶养协议制度有利于老年人的家庭赡养，有利于弘扬中华民族尊老敬老、孝老爱亲的传统美德。在促进家庭的和谐稳定与社会的安定团结方面具有积极作用。

8.2 一笔稳赚的买卖——珍妮女士与弗兰律师的故事

1875 年，法国阿尔勒一个叫 Jeanne 的女婴出生。1896 年，二十一岁的 Jeanne 小姐嫁给了自己富裕的远房堂亲，之后的日子过得非常惬意，一辈子不用干活。1934 年，Jeanne 三十五岁的独生女儿死于肺炎；1942 年的时候，她的丈夫去世；1963 年，她的孙子也因车祸身亡。而 Jeanne，却一直非常健康地生活着。Jeanne 女士为世人所熟知的故事，是她和一个律师的一笔交易，准确地说是 Jeanne 与 François Raffray 律师签订的一份遗赠扶养协议。

1965 年，已经年满九十周岁的 Jeanne 老人，因为没有子嗣，她选择用自己在阿尔勒市里的房子作为对价，和一个名叫 François Raffray 的四十七岁律师签下一份“反向贷款”的协议。François Raffray 律师同意支付 Jeanne 每个月的生活费直到其去世为止，作为回报，在 Jeanne 去世后，这个房子要归 François 所有。当时很多法国人都喜欢以这样的方式购买老年人的物业，一方面可以让年老的业主留在自己的物业里安心养老，另一方面，买家也可以有获得意外收获的机会。当时 François Raffray 律师盘算的很清楚，Jeanne 已经九十岁高龄，每月支付 2500 法郎，要连续支付 10 年才等同房子本身的价值。除非 Jeanne 活到一百岁，不然这绝对是一笔稳赚的买卖。但是，这个精明的律师显然百密一疏。他应该在签订协议之前调查一下 Jeanne 的家族背景。Jeanne 家族的人具有长寿基因，她的哥哥活到了九十七岁，她的父亲差几天就活到了一百岁，而她的母亲也活到八十六岁高龄。就算不调查她的家族背景，也应该了解一下 Jeanne 的身体状况。于是，一场马拉松就此拉开序幕。一年过去了，两年过去了，三年过去了，四年，五年……光阴在律师每天的期盼中不紧不慢地流逝着，但 Jeanne 老人完全没有一点点身体不好的状况出现。Jeanne 在八十五岁时才开始钻研击剑，到了一百岁的时候，骑着脚踏车在城市里闲逛。到了一百一十四岁时，则到处行走，行动自如。在 Jeanne 一百一十岁的时候，她还感觉特别不好意思，给 François Raffray 律师寄了个圣诞贺卡，抱歉地说自己活了这么长时间，浪费了对方这么多钱。这时候，François Raffray 律师付出的费用已经远远超过了房子本身的价格。但是他不能反悔，因为根据双方签订的协议，如果他停止支付费用，遗产协议会自动作废，那他之前的投资就全部打水漂了。1994 年，Jeanne 入住老人院，让 François Raffray 律师看到了一丝曙光。

然而，在 Jeanne 入住老人院的第二年，也就是 1995 年，这位七十七岁的律师，却因为癌症比她先行去世了。到 François Raffray 律师去世这一年，他已经向 Jeanne 老人支付了 920，000 法郎，超过了房子本身价值的几倍。然而 François Raffray 是一个有职业伦理道德的诚信律师，在弥留之际，他仍然没有忘记这比亏本生意，叮嘱妻子继续每月支付 2500 法郎给 Jeanne 女士，律师的妻子遵从丈夫的遗愿，继续支付费用。1997 年 8 月 4 日，Jeanne 去世，享年一百二十二岁。

Jeanne 女士与 François Raffray 律师之间签订的遗赠扶养协议有“以房养老”的性质，亦类似我国《民法典》所确立的居住权制度。以房养老，亦可称为“住房反向抵押贷款”，是指老年人将自己的产权房进行抵押，以定期取得一定数额养老金或者接受老年公寓服务的一种养老方式。实际上，我国《民法典》新增的居住权制度与“以房养老”的养老模式有着密切联系。居住权制度允许所有权人在自己的住宅上为自己设立居住权，对于实现党中央鼓励和提倡的“以房养老”制度具有重大创新意义。老年人出售住宅给“以房养老”机构时，双方可以同时订立住宅买卖合同和居住权设立登记合同，实现居住权制度与“以房养老”新型交易模式的对接，更好地保障老年人在“老有所居”的同时获得优质的养老服务。

8.3 遗赠扶养协议与“老有所依”

遗赠扶养协议是扶养人与受扶养人生前签订的各取所需的协议。从扶养人的角度来讲，在受扶养人生前，其负有扶养义务，在受扶养人死后，其享有接受遗产的权利。从受扶养人的角度来讲，其在生前享有被扶养的权利，其在死后通过事先签订的协议履行遗赠遗产的义务。因此，遗赠扶养协议是生前行为与死后行为的统一，是我国继承法律制度中的创造性内容，具有鲜明的中国特色，对于养老、扶老，减轻国家与社会的负担，稳定社会秩序具有重要的意义，或者说遗赠扶养协议让“老有所依”多了一种选择。

孤寡老人赵老立下自书遗嘱，主要内容为：“赵老的生前生活由侄子小赵负责，死后由小赵安葬，自立字据之日起赵老的两间房屋归小赵所有，任何人不得加以侵犯和干涉。”随后，赵老与小赵到公证处公证，公证文书名为“赠与书”，主要内容为：“赠与人赵老，受赠人小赵。赵老所有的两间平房，面积约 50 平方米，价值 30 万元，现因年老多病，没有其他亲人，自愿将两间平房和房内家具有条件地赠与小赵，从赠与生效之日起，房屋产权即归小赵所有，小赵必须负责赵老的生养死葬。"协议签订之后，赵老将房屋等交付给小赵，小赵也按时给赵老提供粮食、蔬菜、生活日用品等。同时，在征得赵老同意之后，小赵对两间平房进行重建，将房屋拆除并修建成面积为 100 平方米地砖混结构一楼一底的房屋，花费约 50 万元。拆房之初，赵老向当地居委会借房居住。房屋重建完毕，小赵并没有将赵老接回居住，而是将重建后的房屋用作经营。为此，赵老与小赵发生矛盾纠纷，关系不断恶化，小赵甚至放弃了对赵老的扶养。于是，赵老以"房屋赠与小赵是附有条件的赠与，现在小赵对我不尽扶养义务"为由，向人民法院提起诉讼，请求解除与小赵之间的遗赠关系并要求小赵归还房屋和其他财产。通过对如上案例的分析，不难发现赵老与小赵之间的"赠与书"在性质上属于遗赠扶养协议。遗赠扶养协议的核心在于其内容分为扶养和遗赠两部分，而且这两部分的生效时间并不同步[45]。协议成立之后，扶养部分先行生效，扶养人履行扶养义务。受扶养人死亡后，赠与部分生效，扶养人履行安葬义务后取得赠与物的所有权。赵老与小赵之间的协议具有鲜明的遗赠扶养协议的特征，本质上就是一份遗赠扶养协议。故赠与书中"从赠与生效之日起，房屋产权即归小赵所有"的内容无效，因为遗赠扶养协议中赠与部分以赠与人死亡作为生效条件。在赵老与小赵的遗赠扶养协议履行过程中，小赵不履行扶养义务，导致赵老"老有所依"的协议目的无法实现时，赵老有权向人民法院提起诉讼，请求解除与小赵之间的遗赠关系并要求小赵归还房屋和其他财产。

---

[45] 房绍坤、范李瑛、张洪波 . 婚姻家庭继承法 [M]. 北京：中国人民大学出版社，2021：233.

8.4 当遗赠扶养协议撞上遗嘱或法定继承

我国《民法典》第一千一百二十三条规定了法定继承、遗嘱继承、遗赠和遗赠扶养协议的效力问题。“继承开始后，按照法定继承办理；有遗嘱的，按照遗嘱继承或者遗赠办理；有遗赠扶养协议的，按照协议办理。”《最高人民法院关于适用〈中华人民共和国民法典〉继承编的解释（一）》第三条规定：被继承人生前与他人订有遗赠扶养协议，同时又立有遗嘱的，继承开始后，如果遗赠扶养协议与遗嘱没有抵触，遗产分别按协议和遗嘱处理；如果有抵触，按协议处理，与协议抵触的遗嘱全部或者部分无效。

我国《民法典》与《民法典》继承编司法解释作出如上规定，原因在于：遗赠扶养协议是双方民事法律行为，遗赠扶养协议中约定由扶养人取得的遗产是扶养人履行了扶养义务后取得的，而法定继承人和遗嘱继承人或者受遗赠人取得遗产是无偿的，所以在遗产分配方面，遗赠扶养协议具有优先于法定继承、遗嘱继承与遗赠的效力。

江苏省无锡市梁溪区的曹大爷，自三十多岁起就一个人生活在一间20多平方米的小屋里，从未听说过他有妻子儿女。2003年，七十八岁的曹大爷居住的小屋遇到拆迁，因曹大爷无法筹集对等价钱置换房子，考虑到曹大爷的特殊情况，居委会为他支付了差价，给曹大爷安置了一处100多平方米的房屋。后年事已高、为自己养老问题犯愁的曹大爷请求居委会为自己养老，得到居委会的支持。双方在曹大爷弟妹的见证下，签订了一份《处理意见》，载明由居委会对曹大爷定时定员结对子照料，每月给予基本生活费，免费看病诊治，逢年过节给予生活补助及慰问品。即居委会负责曹大爷生活、养老至寿终，曹大爷的动产及不动产在其寿终后由居委会处置。居委会、曹大爷及其弟妹均在《处理意见》上签了字。此后自2003年到2019年的16年里，曹大爷日常生活得到了居委会工作人员的照料。在旧房拆迁后，居委会为曹大爷提供了过渡房，在其生病住院期间支付医疗费，逢年过节送慰问金。在征得曹大爷同意后，居委会于2019年将曹大爷安置到附近的养老院，为他支付了养护费、入住费，购置生活用品。后来，九十四岁的曹大爷在养老院去世，居委会花费近6万元为他办理了丧葬事宜。曹大爷去世后，在派出所的见证下，居委会在替曹大爷收拾遗物的过程中发现了11万多元的现金和存有18万多元的存折。后有四位自称是曹大爷子女的人来到居委会要求继承老人留下的现金和房产。经亲子关系DNA鉴定，四人确实与曹大爷存在亲子关系。居委会以《处理意见》为依据，告知对方曹大爷的生前意愿，曹大爷的遗产依法应该归居委会所有，遭到四位子女的质疑。为妥善处理纠纷，居委会起诉至人民法院，要求确认《处理意见》有效，曹大爷遗产归居委会所有。[46]

根据《中华人民共和国民法典》第一千一百五十八条“自然人可以与继承人以外的组织或者个人签订遗赠扶养协议。按照协议，该组织或者个人承担该自然人生养死葬的义务，享有受遗赠的权利”的规定，人民法院经审理认为：居委会与曹大爷之间签订的《处理意见》本质上就是一份遗赠扶养协议，该协议主体适格、意思表示真实、内容合法，为有效协议。居委会在签订《处理意见》之后的16年里，对独居的曹大爷提供了生活上的照料和精神世界的关爱，尽到了生养死葬的义务。虽然四位子女多年未与父亲来往另有隐情，但是遗赠扶养协议的效力优于遗嘱继承和法定继承，因此居委会有权按照协议约定享有受遗赠的权利，曹大爷遗产应归居委会所有。

[46]“人民法院报”微信公众号.独居老人被居委会照顾16年，去世后竟冒出4个子女……，2021-10-10.

9

保护财产，畅享和谐

9.1 主题词：遗产的处理

遗产的处理主要包括“继承的接受和放弃”“遗产管理人”“遗产债务的清偿”“遗产的分割”以及“无人继承又无人受遗赠的遗产的处理”五大方面的内容。

继承的开始时间，是被继承人死亡的时候。被继承人死亡后，对其继承人的通知是继承的一个必要环节。当继承人有两个或两个以上时，先知道被继承人死亡的继承人应当及时通知其他继承人、受遗赠人和遗嘱执行人。继承人中无人知道或者知道而不能通知的，由被继承人生前所在单位或者住所地的居民委员会、村民委员会负责通知。接受继承的表示方法主要是明示，即以书面或口头形式向其他继承人、遗嘱执行人或人民法院表示接受继承；也可采取默示的方式，即推定。继承人没有在遗产处理前作出放弃继承的意思表示的，视为接受继承。继承开始后，继承人放弃继承的，应当在遗产处理前，以书面形式作出放弃继承的表示。没有表示的，视为接受继承。受遗赠人应当在知道受遗赠后 60 日内，作出接受或者放弃受遗赠的表示，到期没有表示的，视为放弃受遗赠。

继承开始后，遗嘱执行人为遗产管理人；没有遗嘱执行人的，继承人应当及时推选遗产管理人；继承人未推选的，由继承人共同担任遗产管理人；没有继承人或者继承人均放弃继承的，由被继承人生前住所地的民政部门或者村民委员会担任遗产管理人。对遗产管理人的确定有争议的，利害关系人可以向人民法院申请指定遗产管理人。遗产管理人应当依法履行职责，因故意或者重大过失造成继承人、受遗赠人、债权人损害的，应当承担民事责任。

被继承人所遗留的债务包括两个方面：一是被继承人生前所负的债

务，包括因合同关系、损害赔偿、不当得利、无因管理所生之债以及依法应当缴纳的税款；二是继承开始后所发生的债务，主要是因处理后事、处理继承事务所发生的债务。我国《民法典》对遗产债务的清偿原则是有限清偿责任原则，即继承人以所得遗产实际价值为限清偿被继承人依法应当缴纳的税款和债务，超过遗产实际价值部分，继承人自愿偿还的不在此限。继承人放弃继承的，对被继承人依法应当缴纳的税款和债务可以不负清偿责任。

遗产的分割，是指各继承人按其应继份额进行分配，在于消灭遗产的共有关系为目的的法律行为。如果继承人为一人时，不发生遗产分割的问题。在有数个继承人的情况下，就一定会发生遗产分割的问题。遗产的分割必须在各继承人的地位和应继份额确定以后，才能进行。继承人请求分割遗产，应以请求分割时现存的财产为限，不得以继承开始时的遗产状况作为分割遗产的标准。遗产的分割，如果在被继承人的遗嘱中规定了分割财产的方法，应当尊重遗嘱人的意思表示。被继承人没有立遗嘱或遗嘱中没有规定遗产分割的方法时，各共同继承人应以协商的方法解决，协商不成时，可申请调解解决，调解不成的，可向人民法院提起诉讼解决。遗产分割应当有利于生产和生活需要，不损害遗产的效用；不宜分割的财产，可以采取折价、适当补偿或者共有等方式进行处理。人民法院在分割遗产中的房屋、生产资料和特定职业所需要的财产时，应依据有利于发挥其使用效益和继承人的实际需要，兼顾各继承人的利益进行处理。遗产已被分割而又有未清偿的遗产债务时，如果有法定继承也有遗嘱继承和遗赠的，应先由法定继承人用所得的遗产清偿；不足清偿的，由遗嘱继承人和受遗赠人用其所得的遗产清偿；如果只有遗嘱继承和遗赠的，由遗嘱继承人和受遗赠人按比例用所得遗产清偿。

无人继承又无人受遗赠，是指继承开始后，在法定期间内没有人接受继承又没有人受领遗赠。无人继承又无人受遗赠的遗产与无主财产不是同一概念。对于无人继承又无人受遗赠的遗产，在对死者的债务清偿完毕后如有剩余，归国家所有，用于公益事业，死者生前是集体所有制组织成员的，归所在集体所有制组织所有。

9.2 遗产管理人制度

当今社会，民众财富日益增多，财产形式呈现多样化和复杂化的特点，且财产管理往往涉及专业知识，为此，我国《民法典》继承编创设了“遗产管理人”制度。目的在于妥善管理和分割遗产，实现对继承关系当事人利益的平等保护。遗产管理人是指经遗嘱指定或法院指定等方式产生，以实现遗嘱内容为目的的民事主体，具有独立于被继承人和继承人的法律地位。遗产管理人职责的本质是指其执行职务的权利和义务，主要包括清理遗产、管理遗产、清偿债务、分割遗产和诉讼担当[47]。

我国《民法典》第一千一百四十五条规定：继承开始后，遗嘱执行人为遗产管理人；没有遗嘱执行人的，继承人应当及时推选遗产管理人；继承人未推选的，由继承人共同担任遗产管理人；没有继承人或者继承人均放弃继承的，由被继承人生前住所地的民政部门或者村民委员会担任遗产管理人。第一千一百四十六条规定：对遗产管理人的确定有争议的，利害关系人可以向人民法院申请指定遗产管理人。第一千一百四十八条规定：遗产管理人应当依法履行职责，因故意或者重大过失造成继承人、受遗赠人、债权人损害的，应当承担民事责任。

我国《民法典》第一千一百四十七条规定遗产管理人应当履行的法

[47] 王葆莳、吴云煐.《民法典》遗产管理人制度适用问题研究 [J]. 财经法学，2020（6）：51-66.

定职责包括：①清理遗产并制作遗产清单。即清点、核实遗产并制作清单，以确保遗产详尽、完整、安全。②向继承人报告遗产情况。为此，就必须依法查明继承人的范围，防止遗漏。③采取必要措施防止遗产毁损、灭失。公民死亡后，继承人由于需要操办丧葬等事宜，一般不会立即要求分割遗产，或者因继承人存在分歧以致遗产不能顺利分割的，遗产管理人就要负责防止和降低遗产毁损、灭失的风险。④处理被继承人的债权债务。公民去世后，遗产管理人应当确保死者所欠的税款和债务在遗产范围内优先清偿。⑤按照遗嘱或者依照法律规定分割遗产。因此，遗产管理人需要先查明死者是否留有遗嘱、遗赠协议或遗赠抚养协议等，如果未存在上述情形，则按照法定继承分割。⑥实施与管理遗产有关的其他必要行为。例如，参与和遗产有关的诉讼等。[48]

《民法典》新增的“遗产管理人”制度，可以保证遗产的安全以及及时公平分配，有效化解继承中的矛盾和纠纷，有利于社会和谐稳定。

9.3 转继承

转继承，是指继承人在继承开始后、遗产分割前死亡，其所应继承的遗产份额转由其继承人承受的法律制度。因此转继承又称为二次继承或者再继承。在转继承法律关系中，死亡的继承人又称为被转继承人，实际接受遗产的死亡继承人的继承人称为转继承人。转继承实质上是先后发生的两个独立的继承关系，相对于代位继承而言，其属于本位继承。与代位继承只适用于法定继承不同的是，转继承不仅适用于法定继承，也适用于遗嘱继承的情形。代位继承只适用于法定继承，不适用遗嘱继

[48] 潘家永 . 遗产管理人如何产生，具体职责有哪些？ [N]. 中国妇女报，2021–3–3（6）.

承的原因是：在遗嘱生效前，遗嘱确定的被代位继承人已经死亡，尚未取得实际的遗产继承权，其晚辈直系血亲或者其兄弟姐妹的子女也就无法代替其取得遗嘱中指定的财产。而转继承不同，继承人于继承开始后、遗产分割前死亡，无论是法定继承人还是遗嘱继承人都已经实际上取得了遗产继承权。那么继承人应得的遗产份额，转归继承人的继承人继承，最后接受遗产的继承人的范围自然比代位继承人要大，包括法定继承人、遗嘱继承人或受遗赠人。

例如，张某于 2021 年 5 月 11 日去世，有配偶余氏，儿子甲。其中甲因过度悲伤于 2021 年 5 月 13 日心脏病发作死亡，有妻子刘氏，儿子张 A 与女儿张 B。5 月 18 日，张家开始处理遗产，张某生前有遗产 200 万元，张某生前未留下遗嘱，那么对于 200 万元遗产应该如何继承呢？本案中的继承人甲在被继承人张某死亡后、遗产分割前死亡，符合转继承的条件。张某生前未留下遗嘱，因此适用法定继承。张某的法定继承人有配偶余氏和儿子甲，遗产由两人分割。由于适用转继承，甲应得的那一部分转给他本人的法定继承人继承。甲的第一顺位法定继承人有妻子刘氏、儿子张 A、女儿张 B 与母亲余氏。

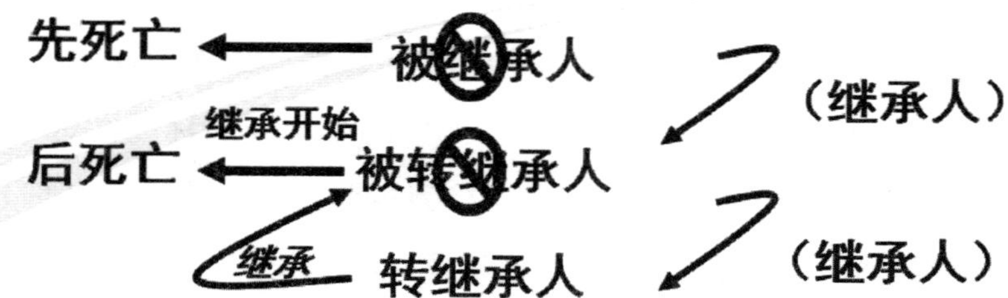

- 被转继承人后于被继承人死亡
- 转继承人通过继承被转继承人的遗产，继承被继承人的遗产

9.4 哪些父债需子还？（有限清偿责任）

我国《民法典》第一千一百六十一条规定：继承人以所得遗产实际价值为限清偿被继承人依法应当缴纳的税款和债务。超过遗产实际价值部分，继承人自愿偿还的不在此限。继承人放弃继承的，对被继承人依法应当缴纳的税款和债务可以不负清偿责任。这就是继承法律制度中的“有限清偿责任”。被继承人所遗留的债务一般包括两个方面：一是被继承人生前所负的债务，包括因合同关系、损害赔偿、不当得利、无因管理所生之债以及依法应当缴纳的税款；二是继承开始后所发生的债务，主要是因处理后事、处理继承事务所发生的债务。如前所述，我国《民法典》对遗产债务的清偿原则是有限清偿责任原则，即继承人以所得遗产实际价值为限清偿被继承人依法应当缴纳的税款和债务，超过遗产实际价值部分，继承人自愿偿还的不在此限。继承人放弃继承的，对被继承人依法应当缴纳的税款和债务可以不负清偿责任。但是，死者生前为继承人的需要所欠的债务以及继承人应尽扶养义务所欠的债务，不应以死者遗产的实际价值为限，继承人应承担无限清偿责任。在继承人存在数人的情况下，继承人对被继承人的债务应负连带责任。

杨大民的老伴早亡，只有一个儿子杨清在省城工作。儿子经常寄生活费给在农村的杨大民老汉，春节时常回家看望他。2018 年 11 月，杨大民开了个百货商店，卖男女服饰以及副食商品，并雇了两个人为他站柜台。2019 年 10 月，杨大民为了组织货源，扩大经营，向本村农民刘立胜借款 120000 元，立有借据一张。11 月初，杨大民携款 120000 元到某商品市场进货，不料货款被盗。杨大民遭此打击，回家后一病不起，一周后死亡。杨大民留有房屋一间（价值 90000 元）和百货商店货物（折价 20000 元）。杨清回家料理后事后，刘立胜拿出杨大民所写的借据向杨清要钱。刘立胜认为：父债应当子还，这是天经地义的事情，杨大民所留遗产折价 110000 元归自己后，剩下的 10000 元应当由杨清偿还。杨清不同意，双方争执不下，刘立胜便起诉至人民法院。人民法院会支持刘立胜的诉讼请求吗？根据有限清偿责任原则，杨清只需在杨大民遗产范围内偿还债务，超过的部分无需偿还，当然杨清自愿偿还则不受此限。（本案例中的名字为化名）

10

国家好，民族好，家庭才能好

10.1 主题词：家国情怀

中华文明源远流长，家国情怀源于古代“家国一体”“家国同构”的伦理价值观念和家国意识。由己而家，由家及国，家国情怀表现了个体对家庭、对民族、对国家极深的责任感和归属感。“百善孝为先”“先天下之忧而忧，后天下之乐而乐”“天下兴亡，匹夫有责”“位卑未敢忘忧国”“苟利国家生死以，岂因祸福避趋之”，家国情怀根植于中华优秀传统文化之中并沉淀为中华儿女的内在优秀品格。

随着时代的发展与进步，家国情怀被不断赋予新的历史使命。习近平总书记关于家国情怀的许多论述均深刻体现了家国情怀的时代性特征。“中国人自古以来就具有家国情怀，国是第一位的，没有国就没有家，没有国家的统一强盛就没有家庭的美满和个人的幸福。[49]“中国人历来讲求精忠报国，革命战争年代母亲教儿打东洋、妻子送郎上战场，社会主义建设时期先大家后小家、为大家舍小家，都体现着向上的家庭追求，体现着高尚的家国情怀。”[50]“现阶段我们要发扬优良传统，承担历史使命，把党和国家确定的奋斗目标作为自己的人生目标，以民族复兴为己任，自觉把人生理想、家庭幸福融入国家富强、民族复兴的伟业之中，做新时代的追梦人。”[51]因此，新时代的家国情怀必然是和中华民族伟大复兴的中国梦联系在一起的。2018 年 5 月，习近平总书记在北京大学师生

---

[49] 习近平 . 习近平总书记在同希腊总统帕夫洛普洛斯会谈时的谈话（2019 年 5 月 14 日）[N]. 人民日报，2019-5-15（1）.

[50] 习近平 . 在会见第一届全国文明家庭代表时的讲话（2016 年 12 月 12 日）[A]. 习近平论党的宣传思想工作 [C]. 北京：中央文献出版社，2020：281-282.

[51] 习近平 . 习近平总书记在全国劳动模范和先进工作者表彰大会上的讲话（2020 年 11 月 24 日）[M]. 北京：人民出版社，单行本（2020）.

座谈会上的讲话中指出：中国梦是历史的、现实的，也是未来的；是我们这一代的，更是青年一代的。中华民族伟大复兴的中国梦终将在一代代青年的接力奋斗中变为现实[52]。正如李大钊先生于1916年在《新青年》杂志上发表的文章《青春》所云：“以青春之我，创建青春之家庭，青春之国家，青春之民族，青春之人类，青春之地球，青春之宇宙，资以乐其无涯之生。”

10.2 花木兰替父从军

唧唧复唧唧，木兰当户织。不闻机杼声，唯闻女叹息。问女何所思，问女何所忆。女亦无所思，女亦无所忆。昨夜见军帖，可汗大点兵，军书十二卷，卷卷有爷名。阿爷无大儿，木兰无长兄，愿为市鞍马，从此替爷征。东市买骏马，西市买鞍鞯，南市买辔头，北市买长鞭。旦辞爷娘去，暮宿黄河边，不闻爷娘唤女声，但闻黄河流水鸣溅溅。旦辞黄河去，暮至黑山头，不闻爷娘唤女声，但闻燕山胡骑鸣啾啾。万里赴戎机，关山度若飞。朔气传金柝，寒光照铁衣。将军百战死，壮士十年归。归来见天子，天子坐明堂。策勋十二转，赏赐百千强。可汗问所欲，木兰不用尚书郎，愿驰千里足，送儿还故乡。爷娘闻女来，出郭相扶将；阿姊闻妹来，当户理红妆；小弟闻姊来，磨刀霍霍向猪羊。开我东阁门，坐我西阁床。脱我战时袍，著我旧时裳。当窗理云鬓，对镜帖花黄。出门看火伴，火伴皆惊忙：同行十二年，不知木兰是女郎。雄兔脚扑朔，雌兔眼迷离；双兔傍地走，安能辨我是雄雌？[53]

---

[52] 习近平．在北京大学师生座谈会上的讲话（2018年5月2日）[M]. 北京：人民出版社，2018：14.

[53] 古诗文网．《木兰诗》，https：//so.gushiwen.cn/shiwenv_2d6b0c83a500.aspx，2021-10-3.

乐府诗集中的《木兰诗》是一首长篇叙事诗歌，代表了北朝乐府民歌杰出的成就。《木兰诗》的产生年代及作者不详，一般认为，它产生于北魏，创作于民间。讲述了花木兰女扮男装，替父从军，在战场上屡建奇功，得胜回朝后却不愿为官，只求回家与亲人团聚的故事。传奇女子花木兰具有勤劳善良的品质，端庄从容的风姿，保家卫国的热情，英勇战斗的精神。她热爱小家又报效国家，对父母对祖国有无限的爱心和毫不犹豫的献身精神，在她的身上体现了高尚的家国情怀，这在男尊女卑的封建社会里尤显难能可贵。花木兰的故事深入人心，广为传颂，至今仍然激励着人们的爱国情操。

10.3 长太息以掩涕兮，哀民生之多艰——屈原的家国情怀

先秦楚国诗人屈原于公元前 305 年、公元前 304 年的楚怀王时期所创作的《离骚》，被宋代著名史学家、词人宋祁评价为词赋之祖，是中国诗赋方面永远不可企及的典范。[54]《离骚》里面有很多表达诗人深厚家国情怀的名句："长太息以掩涕兮，哀民生之多艰""亦余心之所善兮，虽九死其犹未悔""阽余身而危死兮，览余初其犹未悔""路漫漫其修远兮，吾将上下而求索"。诗人大致的意思是：我抹着眼泪啊声声长叹，可怜人生的道路多么艰难。这是我心中追求的信仰，就是死亡也绝不后悔。我虽然面临死亡的危险，却毫不后悔当初自己的志向（不忘初心，牢记使命）。前面的道路虽又远又长，我将坚持不懈追求自己的理想。

《离骚》是一首充满激情的政治抒情诗，是一首现实主义与浪漫主义相结合的艺术杰作，具有突出的思想性与艺术性。屈原所处的年代，楚

[54] 古诗文网 . 离骚赏析 .https：//so.gushiwen.cn/shangxi_2351.aspx，2021-10-19.

国连年战乱，民不聊生。各诸侯国争权夺利，争战不休。面对国家将要灭亡的实际情况，屈原企图挽救国家于危亡之中却又回天无力。在这样的背景下他决心以死殉国。屈原在《离骚》中自叙生平，并回顾自己在为实现崇高的政治理想的过程中不断自我完善、不断同环境做斗争的艰辛历程。诗作字里行间都表达了屈原忧国忧民、坚贞不屈的崇高人格和爱国爱民、追求真理的高尚家国情怀。表现了诗人在追求理想信念的道路上虽然屡屡受挫仍然顽强不屈的爱国主义精神。

10.4 为天下人谋永福——林觉民写下绝笔《与妻书》

1911 年 4 月 24 日晚，在广州起义（黄花岗起义）的前三天，清朝末年革命烈士林觉民（黄花岗七十二烈士之一）写给妻子陈意映一封绝笔《与妻书》。

《与妻书》片段如下：“意映卿卿如晤，吾今以此书与汝永别矣！吾作此书时，尚是世中一人；汝看此书时，吾已成为阴间一鬼。吾作此书，泪珠和笔墨齐下，不能竟书而欲搁笔，又恐汝不察吾衷，谓吾忍舍汝而死，谓吾不知汝之不欲吾死也，故遂忍悲为汝言之。”“吾至爱汝，即此爱汝一念，使吾勇于就死也。吾自遇汝以来，常愿天下有情人都成眷属；然遍地腥云，满街狼犬，称心快意，几家能彀？司马青衫，吾不能学太上之忘情也。语云：仁者‘老吾老，以及人之老；幼吾幼，以及人之幼’。吾充吾爱汝之心，助天下人爱其所爱，所以敢先汝而死，不顾汝也。汝体吾此心，于啼泣之余，亦以天下人为念，当亦乐牺牲吾身与汝身之福利，为天下人谋永福也。汝其勿悲！”“吾诚愿与汝相守以死，第以今日事势观之，天灾可以死，盗贼可以死，瓜分之日可以死，奸官污吏虐民可以死，吾辈处今日之中国，国中无地无时不可以死。到那时使吾眼睁睁看汝死，或使汝眼睁睁看吾死，吾能之乎？抑汝能之乎？即可不死，而离散不相见，徒使两地眼成穿而骨化石，试问古来几曾见破镜能重圆？则较死为苦也，将奈之何？今日吾与汝幸双健。天下人不当死而死与不愿离而离者，不可数计，钟情如我辈者，能忍之乎？此吾所以敢率性就死不顾汝也。吾今死无余憾，国事成不成自有同志者在。依新已五岁，转眼成人，汝其善抚之，使之肖我。汝腹中之物，吾疑其女也，女必像汝，吾心甚慰。或又是男，则亦教其以父志为志，则吾死后尚有二意洞在也。幸甚，幸甚！吾家后日当甚贫，贫无所苦，清静过日而已。”[55]

林觉民说：亲爱的意映，我来给你告别了，你看到这封书信时，我恐怕已经成为阴间一鬼了吧！写这封信时，一想到你我就悲不自胜，泪如雨下，难过到不知如何写完。想停笔，又怕你不了解我赴死的初衷，埋怨我狠心离开你，所以我只能强忍悲痛给你述说。我无比爱你，正是因为爱你，才让我有勇气慷慨赴死。正因为遇见了美好的你，所以我希望天下有情人终成眷属。可是，如今的世界豺狼当道，能有几家过上称心如意的日子？白居易因同情琵琶女的遭遇而泪湿了衣衫，我和他一样，也有深情。我想将爱你的心扩充开来，以帮助天下人爱他们所爱的人，所以甘愿先你而死。希望你能体谅我的心，以天下人的幸福为念，只要能为天下人谋取和平和福利，那么牺牲你我二人的幸福，也是值得的，我们要有这种推己及人的胸怀，你不要难过！我很想和你长相厮守，但纵观今日天下局势，却不容许你我儿女情长。天灾频发，盗贼猖獗，列强瓜分国土，贪官欺凌百姓，我们处在这样的中国，随时随地都有可能死去，我们能忍心眼睁睁看着彼此就这么死去吗？即使不死，也未免会

[55]（清代）林觉民：《与妻书》，参见古诗文网 https://so.gushiwen.cn/shiwenv_7de576f0313f.aspx，2022-2-26.

在战乱中流离失所而难以团聚，望眼欲穿，枯骨化石，古来破镜难圆，那种苦楚比死更令人难受。目前因时局而死或分离的人太多了，像我们这样深情厚谊的人，怎能忍受这种惨状呢？我宁愿为了天下人的美满，先你而去。为了革命，我死而无憾！即便起义不成功，也有志同道合的同志继续奋斗。大儿子依新已 5 岁，我走之后，你要好好抚养他，让他像我一样有志向。你腹中的孩子如果是男孩，也要教导他继承我的遗愿，为革命奋斗。这样的话，我死之后，就又有两个林觉民（字意洞）一样的志士了。真是太幸运了，只是我死之后家里肯定会很贫苦，清净过日子吧！

林觉民与陈意映志趣相投、伉俪情深，他用血泪写成的《与妻书》委婉曲折地表达了自己对妻子的万般不舍和对处于水深火热中的祖国的深沉大爱。他希望妻子好好抚养他们的孩子，使孩子们像父亲一样成为胸怀家国的仁人志士。林觉民烈士把家庭幸福、夫妻恩爱同国家前途、人民命运紧密联系在一起，把对妻子孩子的爱和对国家人民的爱连为一体，将英雄本色和儿女情长合二为一。表达了自己要为天下人谋永福的决心与壮志，充分体现了爱国知识分子的高尚情操，感人肺腑！

10.5 疫情中的最美逆行者——钟南山院士的家国情怀

出生于 1936 年的中国工程院院士，广州医科大学附属第一医院国家呼吸系统疾病临床医学研究中心主任，广州医科大学钟南山教授今年已是八十六岁高龄，却仍然战斗在抗疫第一线。钟南山院士为人们所熟知是在 2003 年抗击非典疫情的战斗中，他一句“把最危重的病人送到我这里”，令人感动；一句“非典并不可怕，可防可治”，让当时处于恐慌状态中的人们定下心来。他倡导与国际卫生组织合作，主持制定我国非典等急性传染病诊治指南，为战胜非典疫情作出重要贡献。[56]

2020年1月，新型冠状病毒疫情在湖北武汉肆虐。史无前例、突如其来的疫情来势汹汹，“没有什么特殊情况，不要去武汉。”疫情蔓延时，钟南山向公众发出紧急呼吁，自己却“逆行”冲往防疫最前线。于2020年1月18日在接到赶往武汉的紧急通知后，费尽周折挤上了傍晚5点多从广州南开往武汉的高铁。“肯定的，有人传人现象。”2020年1月20日，作为国家卫生健康委员会高级别专家组组长，钟南山在关键时刻发出的“预警”，为控制新冠疫情在全国范围内的蔓延赢得先机。[57]

钟南山院士在抗击疫情的战斗中临危受命，不顾高龄而日夜操劳，辗转各地为国家为人民无私奉献。在他的身上体现了作为一名医生的“医者仁心”和救死扶伤的责任担当，体现了一名共产党员胸怀国家、为人民服务的家国情怀，堪称“疫情中的最美逆行者”。

10.6 “禾下乘凉”——袁隆平院士的家国情怀

为致敬国家功臣，礼赞功勋人物，国家广播电视总局出题、组织推进重大现实题材作品：电视剧《功勋》，该剧也是国家广播电视总局“理想照耀中国——庆祝中国共产党成立100周年”展播活动剧目。《功勋》第八单元《袁隆平的梦》讲述了我国“杂交水稻之父”袁隆平院士如何心心念念为解决中国人民乃至世界人民的温饱问题，几十年不懈探索和坚持奋斗的故事。早在2018年11月，袁隆平八十八岁的时候，他曾表达过自己有两个梦想，一个是“禾下乘凉梦”，一个是“杂

[56] 姜晓丹．钟南山．大医精诚 护佑生命（奋斗百年路 启航新征程·数风流人物）[N]. 人民日报，2021–06–20（4）.

[57] 陈瑜．钟南山．八十四岁的抗疫逆行者 [N]. 科技日报，2020–4–20（1）.

交稻覆盖全球梦”。

俗话说“手中有粮心中不慌”。1953年毕业于西南农学院的袁隆平是新中国培养出来的第一代学农大学生。为了“让所有人远离饥饿”，他一生致力于杂交水稻技术的研究、应用与推广，为我国粮食安全、农业科学发展和世界粮食供给作出杰出贡献。袁隆平始终将个人的前途与国家利益紧密相连，将自己对祖国的满腔热忱，结成了一串串饱满的稻穗，体现了中国知识分子对家国命运的情怀和责任担当。

2004年《感动中国》给袁隆平的颁奖词中写道，“他是一位真正的耕耘者。当他还是一个乡村教师的时候，已经具有颠覆世界权威的胆识；当他名满天下的时候，却仍然只是专注于田畴，淡泊名利，一介农夫，播撒智慧，收获富足。他毕生的梦想，就是让所有的人远离饥饿。”2019年9月29日，袁隆平被授予“共和国勋章”时的解说词中写道：他是杂交水稻研究的开创者，50多年来致力于杂交水稻技术的研究、应用与推广，为我国粮食安全、农业科学发展和世界粮食供给作出巨大贡献。

2021年5月22日，袁隆平院士在长沙逝世，享年九十一岁。人们致敬袁隆平院士，致敬这位将个人梦想和国家命运紧密结合，让中国人“端牢饭碗”的功勋英雄。

10.7 清澈的爱只为中国——戍边战士的家国情怀

《在那遥远的地方》是俞钟执导、李幼斌与殷桃等演员主演，由御景江山影视文化公司于2009年出品的年代情感剧。电视剧以很少被关注的、战斗在海拔5380米以上昆仑山哨卡的高原边防军人为视角，讲述他们在生活条件极端艰苦的环境下坚守祖国防线的动人故事。每一位戍边战士的故事都令人感到震撼，他们身上都散发着万丈光芒，散发着异乎寻常的魅力。演员殷桃扮演的女主人公袁鹰更是从一名儿女情长的女兵成长为心怀家国的巾帼英雄，她的牺牲震撼了所有观众的心灵。

戍边战士“为国家、舍小家”的忘我精神，是一种常人难以达到的境界。他们的英雄事迹不仅发生在电视剧里，还真实地发生在当今的和平年代，发生在我们的生活里。北京向西4000多公里，向上海拔4000多米，有一条叫作勒万的河谷，深深地锲在西部边境的喀喇昆仑山脉之中。2021年2月19日，我国首次公布了加勒万河谷冲突的具体细节。冲突发生在2020年6月，外军公然严重违反两国协议、蓄意挑起事端。在前往交涉和激烈斗争的过程中，祁发宝团长身先士卒，身负重伤；陈红军营长和陈祥榕战士突入重围营救，奋力反击，英勇牺牲；肖思远战士突围之后又义无反顾返回营救战友，战斗至生命最后一刻；王焯冉战士拼尽全力救助被冲散的战友脱险，自己却淹没在冰河之中。

四位年轻战士的生命就这样永远定格在了最美好的年华，他们也为人子、为人夫、为人父，却毫不犹豫地用生命与热血换来了祖国边防的平安。哪有什么岁月静好，只不过是有人替我们负重前行。戍边战士以身许国的大爱，是纯粹无私的挚爱。未满十九岁的陈祥榕烈士曾在他的日记本上留下短短的一句话：“清澈的爱，只为中国。”朴实而真挚的文字体现了英雄的戍边战士们最天然、最美好、最纯洁、最高尚的家国情怀，令无数国人感动落泪，纷纷致以最崇高的敬意。

结语

婚姻家庭法所关心和解决的似乎都只是一些诸如婚恋、结婚、夫妻关系、亲子关系、家庭财产、离婚、收养、继承等家长里短的家务事。但是家事无小事，家事大如天，依据婚姻家庭法的基本原则和具体规则，注重家庭家教家风建设，处理好家庭矛盾，协调并解决好赡养、婚恋、家庭财产、子女抚养、遗产纠纷等和老百姓生活密切相关的家事案件，保障妇女、未成年人、老年人、残疾人等弱势群体的合法权益，杜绝家庭暴力，使家庭和睦，使社会和谐，是弘扬“富强、民主、文明、和谐、自由、平等、公正、法治、爱国、敬业、诚信、友善”社会主义核心价值观的重大课题。

社会主义核心价值观

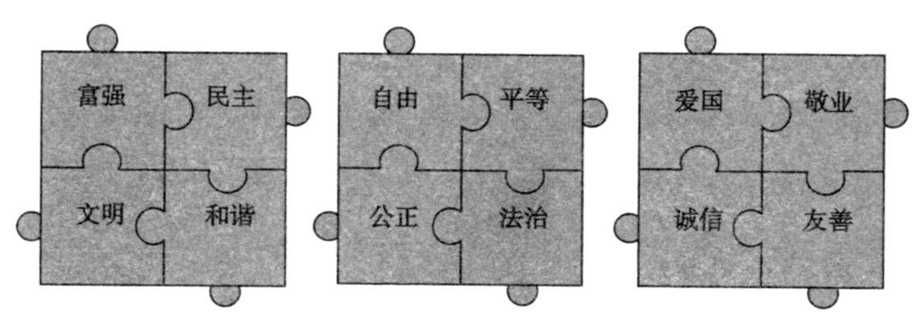

婚姻家庭法浸润人间烟火，传递温情与善意。每一位自然人“从摇篮到坟墓”的人生旅途当中，须臾不可或缺、也不会或缺婚姻家庭法的呵护与关怀。家是最小国，国是千万家。根据2020年开展的第七次全国人口普查结果显示：全国共有家庭户约4.9亿户，集体户约0.3亿户，共

5.2 亿户[58]，一个个小家庭构成了 14 亿人的中华大家庭。我们中国人自古以来便有“家国同构”的家国情怀，也有“修身齐家治国平天下”的治世理想。婚姻家庭法助力国人弘扬传统文化，涵养家国情怀，认同制度优势，发展合作精神，聚力中国故事，逐梦强国复兴。在帮助每一个小家庭实现和谐幸福的同时，共建大社会的安定与团结。

[58] 百度百科 . 第七次全国人口普查 .https：//baike.baidu.com/item/%E7%AC%AC%E4%B8%83%E6%AC%A1%E5%85%A8%E5%9B%BD%E4%BA%BA%E5%8F%A3%E6%99%AE%E6%9F%A5/23542107?fr=aladdin，2021-11-6.

附录

《中华人民共和国民法典》第五编　婚姻家庭

第一章　一般规定

第一千零四十条　本编调整因婚姻家庭产生的民事关系。

第一千零四十一条　婚姻家庭受国家保护。

实行婚姻自由、一夫一妻、男女平等的婚姻制度。

保护妇女、未成年人、老年人、残疾人的合法权益。

第一千零四十二条　禁止包办、买卖婚姻和其他干涉婚姻自由的行为。禁止借婚姻索取财物。

禁止重婚。禁止有配偶者与他人同居。

禁止家庭暴力。禁止家庭成员间的虐待和遗弃。

第一千零四十三条　家庭应当树立优良家风，弘扬家庭美德，重视家庭文明建设。

夫妻应当互相忠实，互相尊重，互相关爱；家庭成员应当敬老爱幼，互相帮助，维护平等、和睦、文明的婚姻家庭关系。

第一千零四十四条　收养应当遵循最有利于被收养人的原则，保障被收养人和收养人的合法权益。

禁止借收养名义买卖未成年人。

第一千零四十五条　亲属包括配偶、血亲和姻亲。

配偶、父母、子女、兄弟姐妹、祖父母、外祖父母、孙子女、外孙子女为近亲属。

配偶、父母、子女和其他共同生活的近亲属为家庭成员。

第二章　结婚

第一千零四十六条　结婚应当男女双方完全自愿，禁止任何一方对另一方加以强迫，禁止任何组织或者个人加以干涉。

第一千零四十七条　结婚年龄，男不得早于二十二周岁，女不得早于二十周岁。

第一千零四十八条　直系血亲或者三代以内的旁系血亲禁止结婚。

第一千零四十九条　要求结婚的男女双方应当亲自到婚姻登记机关申请结婚登记。符合本法规定的，予以登记，发给结婚证。完成结婚登记，即确立婚姻关系。未办理结婚登记的，应当补办登记。

第一千零五十条　登记结婚后，按照男女双方约定，女方可以成为男方家庭的成员，男方可以成为女方家庭的成员。

第一千零五十一条　有下列情形之一的，婚姻无效：

（一）重婚；

（二）有禁止结婚的亲属关系；

（三）未到法定婚龄。

第一千零五十二条　因胁迫结婚的，受胁迫的一方可以向人民法院请求撤销婚姻。

请求撤销婚姻的，应当自胁迫行为终止之日起一年内提出。

被非法限制人身自由的当事人请求撤销婚姻的，应当自恢复人身自由之日起一年内提出。

第一千零五十三条　一方患有重大疾病的，应当在结婚登记前如实告知另一方；不如实告知的，另一方可以向人民法院请求撤销婚姻。

请求撤销婚姻的，应当自知道或者应当知道撤销事由之日起一年内提出。

第一千零五十四条　无效的或者被撤销的婚姻自始没有法律约束力，当事人不具有夫妻的权利和义务。同居期间所得的财产，由当事人协议处理；协议不成的，由人民法院根据照顾无过错方的原则判决。对重婚导致的无效婚姻的财产处理，不得侵害合法婚姻当事人的财产权益。当事人所生的子女，适用本法关于父母子女的规定。

婚姻无效或者被撤销的，无过错方有权请求损害赔偿。

第三章　家庭关系

第一节　夫妻关系

第一千零五十五条　夫妻在婚姻家庭中地位平等。

第一千零五十六条　夫妻双方都有各自使用自己姓名的权利。

第一千零五十七条　夫妻双方都有参加生产、工作、学习和社会活动的自由，一方不得对另一方加以限制或者干涉。

第一千零五十八条　夫妻双方平等享有对未成年子女抚养、教育和保护的权利，共同承担对未成年子女抚养、教育和保护的义务。

第一千零五十九条　夫妻有相互扶养的义务。

需要扶养的一方，在另一方不履行扶养义务时，有要求其给付扶养费的权利。

第一千零六十条　夫妻一方因家庭日常生活需要而实施的民事法律行为，对夫妻双方发生效力，但是夫妻一方与相对人另有约定的除外。

夫妻之间对一方可以实施的民事法律行为范围的限制，不得对抗善意相对人。

第一千零六十一条　夫妻有相互继承遗产的权利。

第一千零六十二条　夫妻在婚姻关系存续期间所得的下列财产，为夫妻的共同财产，归夫妻共同所有：

（一）工资、奖金、劳务报酬；

（二）生产、经营、投资的收益；

（三）知识产权的收益；

（四）继承或者受赠的财产，但是本法第一千零六十三条第三项规定的除外；

（五）其他应当归共同所有的财产。

夫妻对共同财产，有平等的处理权。

第一千零六十三条　下列财产为夫妻一方的个人财产：

（一）一方的婚前财产；

（二）一方因受到人身损害获得的赔偿或者补偿；

（三）遗嘱或者赠与合同中确定只归一方的财产；

（四）一方专用的生活用品；

（五）其他应当归一方的财产。

第一千零六十四条　夫妻双方共同签名或者夫妻一方事后追认等共同意思表示所负的债务，以及夫妻一方在婚姻关系存续期间以个人名义为家庭日常生活需要所负的债务，属于夫妻共同债务。

夫妻一方在婚姻关系存续期间以个人名义超出家庭日常生活需要所负的债务，不属于夫妻共同债务；但是，债权人能够证明该债务用于夫妻共同生活、共同生产经营或者基于夫妻双方共同意思表示的除外。

第一千零六十五条　男女双方可以约定婚姻关系存续期间所得的财产以及婚前财产归各自所有、共同所有或者部分各自所有、部分共同所有。约定应当采用书面形式。没有约定或者约定不明确的，适用本法第一千零六十二条、第一千零六十三条的规定。

夫妻对婚姻关系存续期间所得的财产以及婚前财产的约定，对双方具有法律约束力。

夫妻对婚姻关系存续期间所得的财产约定归各自所有，夫或者妻一方对外所负的债务，相对人知道该约定的，以夫或者妻一方的个人财产清偿。

第一千零六十六条　婚姻关系存续期间，有下列情形之一的，夫妻一方可以向人民法院请求分割共同财产：

（一）一方有隐藏、转移、变卖、毁损、挥霍夫妻共同财产或者伪造夫妻共同债务等严重损害夫妻共同财产利益的行为；

（二）一方负有法定扶养义务的人患重大疾病需要医治，另一方不同意支付相关医疗费用。

第二节　父母子女关系和其他

第一千零六十七条　父母不履行抚养义务的，未成年子女或者不能独立生活的成年子女，有要求父母给付抚养费的权利。

成年子女不履行赡养义务的，缺乏劳动能力或者生活困难的父母，有要求成年子女给付赡养费的权利。

第一千零六十八条　父母有教育、保护未成年子女的权利和义务。未成年子女造成他人损害的，父母应当依法承担民事责任。

第一千零六十九条　子女应当尊重父母的婚姻权利，不得干涉父母离婚、再婚以及婚后的生活。子女对父母的赡养义务，不因父母的婚姻关系变化而终止。

第一千零七十条　父母和子女有相互继承遗产的权利。

第一千零七十一条　非婚生子女享有与婚生子女同等的权利，任何组织或者个人不得加以危害和歧视。

不直接抚养非婚生子女的生父或者生母，应当负担未成年子女或者不能独立生活的成年子女的抚养费。

第一千零七十二条　继父母与继子女间，不得虐待或者歧视。

继父或者继母和受其抚养教育的继子女间的权利义务关系，适用本法关于父母子女关系的规定。

第一千零七十三条　对亲子关系有异议且有正当理由的，父或者母可以向人民法院提起诉讼，请求确认或者否认亲子关系。

对亲子关系有异议且有正当理由的，成年子女可以向人民法院提起诉讼，请求确认亲子关系。

第一千零七十四条　有负担能力的祖父母、外祖父母，对于父母已经死亡或者父母无力抚养的未成年孙子女、外孙子女，有抚养的义务。

有负担能力的孙子女、外孙子女，对于子女已经死亡或者子女无力赡养的祖父母、外祖父母，有赡养的义务。

第一千零七十五条　有负担能力的兄、姐，对于父母已经死亡或者父母无力抚养的未成年弟、妹，有扶养的义务。

由兄、姐扶养长大的有负担能力的弟、妹，对于缺乏劳动能力又缺乏生活来源的兄、姐，有扶养的义务。

第四章　离婚

第一千零七十六条　夫妻双方自愿离婚的，应当签订书面离婚协议，并亲自到婚姻登记机关申请离婚登记。

离婚协议应当载明双方自愿离婚的意思表示和对子女抚养、财产以及债务处理等事项协商一致的意见。

第一千零七十七条　自婚姻登记机关收到离婚登记申请之日起三十日内，任何一方不愿意离婚的，可以向婚姻登记机关撤回离婚登记申请。

前款规定期限届满后三十日内，双方应当亲自到婚姻登记机关申请发给离婚证；未申请的，视为撤回离婚登记申请。

第一千零七十八条　婚姻登记机关查明双方确实是自愿离婚，并已

经对子女抚养、财产以及债务处理等事项协商一致的，予以登记，发给离婚证。

第一千零七十九条　夫妻一方要求离婚的，可以由有关组织进行调解或者直接向人民法院提起离婚诉讼。

人民法院审理离婚案件，应当进行调解；如果感情确已破裂，调解无效的，应当准予离婚。

有下列情形之一，调解无效的，应当准予离婚：

（一）重婚或者与他人同居；

（二）实施家庭暴力或者虐待、遗弃家庭成员；

（三）有赌博、吸毒等恶习屡教不改；

（四）因感情不和分居满二年；

（五）其他导致夫妻感情破裂的情形。

一方被宣告失踪，另一方提起离婚诉讼的，应当准予离婚。

经人民法院判决不准离婚后，双方又分居满一年，一方再次提起离婚诉讼的，应当准予离婚。

第一千零八十条　完成离婚登记，或者离婚判决书、调解书生效，即解除婚姻关系。

第一千零八十一条　现役军人的配偶要求离婚，应当征得军人同意，但是军人一方有重大过错的除外。

第一千零八十二条　女方在怀孕期间、分娩后一年内或者终止妊娠后六个月内，男方不得提出离婚；但是，女方提出离婚或者人民法院认为确有必要受理男方离婚请求的除外。

第一千零八十三条　离婚后，男女双方自愿恢复婚姻关系的，应当到婚姻登记机关重新进行结婚登记。

第一千零八十四条　父母与子女间的关系，不因父母离婚而消除。

离婚后，子女无论由父或者母直接抚养，仍是父母双方的子女。

离婚后，父母对于子女仍有抚养、教育、保护的权利和义务。

离婚后，不满两周岁的子女，以由母亲直接抚养为原则。已满两周岁的子女，父母双方对抚养问题协议不成的，由人民法院根据双方的具体情况，按照最有利于未成年子女的原则判决。子女已满八周岁的，应当尊重其真实意愿。

第一千零八十五条　离婚后，子女由一方直接抚养的，另一方应当负担部分或者全部抚养费。负担费用的多少和期限的长短，由双方协议；协议不成的，由人民法院判决。

前款规定的协议或者判决，不妨碍子女在必要时向父母任何一方提出超过协议或者判决原定数额的合理要求。

第一千零八十六条　离婚后，不直接抚养子女的父或者母，有探望子女的权利，另一方有协助的义务。

行使探望权利的方式、时间由当事人协议；协议不成的，由人民法院判决。

父或者母探望子女，不利于子女身心健康的，由人民法院依法中止探望；中止的事由消失后，应当恢复探望。

第一千零八十七条　离婚时，夫妻的共同财产由双方协议处理；协议不成的，由人民法院根据财产的具体情况，按照照顾子女、女方和无过错方权益的原则判决。

对夫或者妻在家庭土地承包经营中享有的权益等，应当依法予以保护。

第一千零八十八条　夫妻一方因抚育子女、照料老年人、协助另一方工作等负担较多义务的，离婚时有权向另一方请求补偿，另一方应当给予补偿。具体办法由双方协议；协议不成的，由人民法院判决。

第一千零八十九条　离婚时，夫妻共同债务应当共同偿还。共同财产不足清偿或者财产归各自所有的，由双方协议清偿；协议不成的，由人民法院判决。

第一千零九十条　离婚时，如果一方生活困难，有负担能力的另一方应当给予适当帮助。具体办法由双方协议；协议不成的，由人民法院判决。

第一千零九十一条　有下列情形之一，导致离婚的，无过错方有权请求损害赔偿：

（一）重婚；

（二）与他人同居；

（三）实施家庭暴力；

（四）虐待、遗弃家庭成员；

（五）有其他重大过错。

第一千零九十二条　夫妻一方隐藏、转移、变卖、毁损、挥霍夫妻共同财产，或者伪造夫妻共同债务企图侵占另一方财产的，在离婚分割夫妻共同财产时，对该方可以少分或者不分。离婚后，另一方发现有上述行为的，可以向人民法院提起诉讼，请求再次分割夫妻共同财产。

第五章　收养

第一节　收养关系的成立

第一千零九十三条　下列未成年人，可以被收养：

（一）丧失父母的孤儿；

（二）查找不到生父母的未成年人；

（三）生父母有特殊困难无力抚养的子女。

第一千零九十四条　下列个人、组织可以作送养人：

（一）孤儿的监护人；

（二）儿童福利机构；

（三）有特殊困难无力抚养子女的生父母。

第一千零九十五条　未成年人的父母均不具备完全民事行为能力且可能严重危害该未成年人的，该未成年人的监护人可以将其送养。

第一千零九十六条　监护人送养孤儿的，应当征得有抚养义务的人同意。有抚养义务的人不同意送养、监护人不愿意继续履行监护职责的，应当依照本法第一编的规定另行确定监护人。

第一千零九十七条　生父母送养子女，应当双方共同送养。生父母一方不明或者查找不到的，可以单方送养。

第一千零九十八条　收养人应当同时具备下列条件：

（一）无子女或者只有一名子女；

（二）有抚养、教育和保护被收养人的能力；

（三）未患有在医学上认为不应当收养子女的疾病；

（四）无不利于被收养人健康成长的违法犯罪记录；

（五）年满三十周岁。

第一千零九十九条　收养三代以内旁系同辈血亲的子女，可以不受本法第一千零九十三条第三项、第一千零九十四条第三项和第一千一百零二条规定的限制。

华侨收养三代以内旁系同辈血亲的子女，还可以不受本法第一千零九十八条第一项规定的限制。

第一千一百条　无子女的收养人可以收养两名子女；有子女的收养人只能收养一名子女。

收养孤儿、残疾未成年人或者儿童福利机构抚养的查找不到生父母的未成年人，可以不受前款和本法第一千零九十八条第一项规定的限制。

第一千一百零一条　有配偶者收养子女，应当夫妻共同收养。

第一千一百零二条　无配偶者收养异性子女的，收养人与被收养人的年龄应当相差四十周岁以上。

第一千一百零三条　继父或者继母经继子女的生父母同意，可以收养继子女，并可以不受本法第一千零九十三条第三项、第一千零九十四条第三项、第一千零九十八条和第一千一百条第一款规定的限制。

第一千一百零四条　收养人收养与送养人送养，应当双方自愿。收养八周岁以上未成年人的，应当征得被收养人的同意。

第一千一百零五条　收养应当向县级以上人民政府民政部门登记。收养关系自登记之日起成立。

收养查找不到生父母的未成年人的，办理登记的民政部门应当在登记前予以公告。

收养关系当事人愿意签订收养协议的，可以签订收养协议。

收养关系当事人各方或者一方要求办理收养公证的，应当办理收养公证。

县级以上人民政府民政部门应当依法进行收养评估。

第一千一百零六条　收养关系成立后，公安机关应当按照国家有关规定为被收养人办理户口登记。

第一千一百零七条　孤儿或者生父母无力抚养的子女，可以由生父母的亲属、朋友抚养；抚养人与被抚养人的关系不适用本章规定。

第一千一百零八条　配偶一方死亡，另一方送养未成年子女的，死亡一方的父母有优先抚养的权利。

第一千一百零九条　外国人依法可以在中华人民共和国收养子女。

外国人在中华人民共和国收养子女，应当经其所在国主管机关依照该国法律审查同意。收养人应当提供由其所在国有权机构出具的有关其年龄、婚姻、职业、财产、健康、有无受过刑事处罚等状况的证明材料，并与送养人签订书面协议，亲自向省、自治区、直辖市人民政府民政部门登记。

前款规定的证明材料应当经收养人所在国外交机关或者外交机关授权的机构认证，并经中华人民共和国驻该国使领馆认证，但是国家另有规定的除外。

第一千一百一十条　收养人、送养人要求保守收养秘密的，其他人应当尊重其意愿，不得泄露。

第二节　收养的效力

第一千一百一十一条　自收养关系成立之日起，养父母与养子女间的权利义务关系，适用本法关于父母子女关系的规定；养子女与养父母的近亲属间的权利义务关系，适用本法关于子女与父母的近亲属关系的规定。

养子女与生父母以及其他近亲属间的权利义务关系，因收养关系的成立而消除。

第一千一百一十二条　养子女可以随养父或者养母的姓氏，经当事人协商一致，也可以保留原姓氏。

第一千一百一十三条　有本法第一编关于民事法律行为无效规定情形或者违反本编规定的收养行为无效。

无效的收养行为自始没有法律约束力。

第三节　收养关系的解除

第一千一百一十四条　收养人在被收养人成年以前，不得解除收养关系，但是收养人、送养人双方协议解除的除外。养子女八周岁以上的，应当征得本人同意。

收养人不履行抚养义务，有虐待、遗弃等侵害未成年养子女合法权益行为的，送养人有权要求解除养父母与养子女间的收养关系。送养人、收养人不能达成解除收养关系协议的，可以向人民法院提起诉讼。

第一千一百一十五条　养父母与成年养子女关系恶化、无法共同生活的，可以协议解除收养关系。不能达成协议的，可以向人民法院提起诉讼。

第一千一百一十六条　当事人协议解除收养关系的，应当到民政部门办理解除收养关系登记。

第一千一百一十七条　收养关系解除后，养子女与养父母以及其他近亲属间的权利义务关系即行消除，与生父母以及其他近亲属间的权利义务关系自行恢复。但是，成年养子女与生父母以及其他近亲属间的权利义务关系是否恢复，可以协商确定。

第一千一百一十八条　收养关系解除后，经养父母抚养的成年养子女，对缺乏劳动能力又缺乏生活来源的养父母，应当给付生活费。因养子女成年后虐待、遗弃养父母而解除收养关系的，养父母可以要求养子女补偿收养期间支出的抚养费。

生父母要求解除收养关系的，养父母可以要求生父母适当补偿收养期间支出的抚养费；但是，因养父母虐待、遗弃养子女而解除收养关系的除外。

《中华人民共和国民法典》第六编　继承

第一章　一般规定

第一千一百一十九条　本编调整因继承产生的民事关系。

第一千一百二十条　国家保护自然人的继承权。

第一千一百二十一条　继承从被继承人死亡时开始。

相互有继承关系的数人在同一事件中死亡，难以确定死亡时间的，推定没有其他继承人的人先死亡。都有其他继承人，辈份不同的，推定长辈先死亡；辈份相同的，推定同时死亡，相互不发生继承。

第一千一百二十二条　遗产是自然人死亡时遗留的个人合法财产。

依照法律规定或者根据其性质不得继承的遗产，不得继承。

第一千一百二十三条　继承开始后，按照法定继承办理；有遗嘱的，按照遗嘱继承或者遗赠办理；有遗赠扶养协议的，按照协议办理。

第一千一百二十四条　继承开始后，继承人放弃继承的，应当在遗产处理前，以书面形式作出放弃继承的表示；没有表示的，视为接受继承。

受遗赠人应当在知道受遗赠后六十日内，作出接受或者放弃受遗赠的表示；到期没有表示的，视为放弃受遗赠。

第一千一百二十五条　继承人有下列行为之一的，丧失继承权：

（一）故意杀害被继承人；

（二）为争夺遗产而杀害其他继承人；

（三）遗弃被继承人，或者虐待被继承人情节严重；

（四）伪造、篡改、隐匿或者销毁遗嘱，情节严重；

（五）以欺诈、胁迫手段迫使或者妨碍被继承人设立、变更或者撤回遗嘱，情节严重。

继承人有前款第三项至第五项行为，确有悔改表现，被继承人表示宽恕或者事后在遗嘱中将其列为继承人的，该继承人不丧失继承权。

受遗赠人有本条第一款规定行为的，丧失受遗赠权。

第二章　法定继承

第一千一百二十六条　继承权男女平等。

第一千一百二十七条　遗产按照下列顺序继承：

（一）第一顺序：配偶、子女、父母；

（二）第二顺序：兄弟姐妹、祖父母、外祖父母。

继承开始后，由第一顺序继承人继承，第二顺序继承人不继承；没有第一顺序继承人继承的，由第二顺序继承人继承。

本编所称子女，包括婚生子女、非婚生子女、养子女和有扶养关系的继子女。

本编所称父母，包括生父母、养父母和有扶养关系的继父母。

本编所称兄弟姐妹，包括同父母的兄弟姐妹、同父异母或者同母异父的兄弟姐妹、养兄弟姐妹、有扶养关系的继兄弟姐妹。

第一千一百二十八条　被继承人的子女先于被继承人死亡的，由被继承人的子女的直系晚辈血亲代位继承。

被继承人的兄弟姐妹先于被继承人死亡的，由被继承人的兄弟姐妹的子女代位继承。

代位继承人一般只能继承被代位继承人有权继承的遗产份额。

第一千一百二十九条　丧偶儿媳对公婆，丧偶女婿对岳父母，尽了主要赡养义务的，作为第一顺序继承人。

第一千一百三十条　同一顺序继承人继承遗产的份额，一般应当均等。

对生活有特殊困难又缺乏劳动能力的继承人，分配遗产时，应当予以照顾。

对被继承人尽了主要扶养义务或者与被继承人共同生活的继承人，分配遗产时，可以多分。

有扶养能力和有扶养条件的继承人，不尽扶养义务的，分配遗产时，应当不分或者少分。

继承人协商同意的，也可以不均等。

第一千一百三十一条　对继承人以外的依靠被继承人扶养的人，或者继承人以外的对被继承人扶养较多的人，可以分给适当的遗产。

第一千一百三十二条　继承人应当本着互谅互让、和睦团结的精神，

协商处理继承问题。遗产分割的时间、办法和份额，由继承人协商确定；协商不成的，可以由人民调解委员会调解或者向人民法院提起诉讼。

第三章　遗嘱继承和遗赠

第一千一百三十三条　自然人可以依照本法规定立遗嘱处分个人财产，并可以指定遗嘱执行人。

自然人可以立遗嘱将个人财产指定由法定继承人中的一人或者数人继承。

自然人可以立遗嘱将个人财产赠与国家、集体或者法定继承人以外的组织、个人。

自然人可以依法设立遗嘱信托。

第一千一百三十四条　自书遗嘱由遗嘱人亲笔书写，签名，注明年、月、日。

第一千一百三十五条　代书遗嘱应当有两个以上见证人在场见证，由其中一人代书，并由遗嘱人、代书人和其他见证人签名，注明年、月、日。

第一千一百三十六条　打印遗嘱应当有两个以上见证人在场见证。遗嘱人和见证人应当在遗嘱每一页签名，注明年、月、日。

第一千一百三十七条　以录音录像形式立的遗嘱，应当有两个以上见证人在场见证。遗嘱人和见证人应当在录音录像中记录其姓名或者肖像，以及年、月、日。

第一千一百三十八条　遗嘱人在危急情况下，可以立口头遗嘱。口头遗嘱应当有两个以上见证人在场见证。危急情况消除后，遗嘱人能够以书面或者录音录像形式立遗嘱的，所立的口头遗嘱无效。

第一千一百三十九条　公证遗嘱由遗嘱人经公证机构办理。

第一千一百四十条　下列人员不能作为遗嘱见证人：

（一）无民事行为能力人、限制民事行为能力人以及其他不具有见证能力的人；

（二）继承人、受遗赠人；

（三）与继承人、受遗赠人有利害关系的人。

第一千一百四十一条　遗嘱应当为缺乏劳动能力又没有生活来源的继承人保留必要的遗产份额。

第一千一百四十二条　遗嘱人可以撤回、变更自己所立的遗嘱。

立遗嘱后，遗嘱人实施与遗嘱内容相反的民事法律行为的，视为对遗嘱相关内容的撤回。

立有数份遗嘱，内容相抵触的，以最后的遗嘱为准。

第一千一百四十三条　无民事行为能力人或者限制民事行为能力人所立的遗嘱无效。

遗嘱必须表示遗嘱人的真实意思，受欺诈、胁迫所立的遗嘱无效。

伪造的遗嘱无效。

遗嘱被篡改的，篡改的内容无效。

第一千一百四十四条　遗嘱继承或者遗赠附有义务的，继承人或者受遗赠人应当履行义务。没有正当理由不履行义务的，经利害关系人或者有关组织请求，人民法院可以取消其接受附义务部分遗产的权利。

第四章　遗产的处理

第一千一百四十五条　继承开始后，遗嘱执行人为遗产管理人；没有遗嘱执行人的，继承人应当及时推选遗产管理人；继承人未推选的，由继承人共同担任遗产管理人；没有继承人或者继承人均放弃继承的，由被继承人生前住所地的民政部门或者村民委员会担任遗产管理人。

第一千一百四十六条　对遗产管理人的确定有争议的，利害关系人可以向人民法院申请指定遗产管理人。

第一千一百四十七条　遗产管理人应当履行下列职责：

（一）清理遗产并制作遗产清单；

（二）向继承人报告遗产情况；

（三）采取必要措施防止遗产毁损、灭失；

（四）处理被继承人的债权债务；

（五）按照遗嘱或者依照法律规定分割遗产；

（六）实施与管理遗产有关的其他必要行为。

第一千一百四十八条　遗产管理人应当依法履行职责，因故意或者重大过失造成继承人、受遗赠人、债权人损害的，应当承担民事责任。

第一千一百四十九条　遗产管理人可以依照法律规定或者按照约定获得报酬。

第一千一百五十条　继承开始后，知道被继承人死亡的继承人应当及时通知其他继承人和遗嘱执行人。继承人中无人知道被继承人死亡或者知道被继承人死亡而不能通知的，由被继承人生前所在单位或者住所地的居民委员会、村民委员会负责通知。

第一千一百五十一条　存有遗产的人，应当妥善保管遗产，任何组织或者个人不得侵吞或者争抢。

第一千一百五十二条　继承开始后，继承人于遗产分割前死亡，并没有放弃继承的，该继承人应当继承的遗产转给其继承人，但是遗嘱另有安排的除外。

第一千一百五十三条　夫妻共同所有的财产，除有约定的外，遗产分割时，应当先将共同所有的财产的一半分出为配偶所有，其余的为被继承人的遗产。

遗产在家庭共有财产之中的，遗产分割时，应当先分出他人的财产。

第一千一百五十四条　有下列情形之一的，遗产中的有关部分按照法定继承办理：

（一）遗嘱继承人放弃继承或者受遗赠人放弃受遗赠；

（二）遗嘱继承人丧失继承权或者受遗赠人丧失受遗赠权；

（三）遗嘱继承人、受遗赠人先于遗嘱人死亡或者终止；

（四）遗嘱无效部分所涉及的遗产；

（五）遗嘱未处分的遗产。

第一千一百五十五条　遗产分割时，应当保留胎儿的继承份额。胎儿娩出时是死体的，保留的份额按照法定继承办理。

第一千一百五十六条 遗产分割应当有利于生产和生活需要，不损害遗产的效用。不宜分割的遗产，可以采取折价、适当补偿或者共有等方法处理。

第一千一百五十七条　夫妻一方死亡后另一方再婚的，有权处分所继承的财产，任何组织或者个人不得干涉。

第一千一百五十八条　自然人可以与继承人以外的组织或者个人签订遗赠扶养协议。按照协议，该组织或者个人承担该自然人生养死葬的义务，享有受遗赠的权利。

第一千一百五十九条　分割遗产，应当清偿被继承人依法应当缴纳的税款和债务；但是，应当为缺乏劳动能力又没有生活来源的继承人保留必要的遗产。

第一千一百六十条　无人继承又无人受遗赠的遗产，归国家所有，用于公益事业；死者生前是集体所有制组织成员的，归所在集体所有制组织所有。

第一千一百六十一条　继承人以所得遗产实际价值为限清偿被继承人依法应当缴纳的税款和债务。超过遗产实际价值部分，继承人自愿偿还的不在此限。

继承人放弃继承的，对被继承人依法应当缴纳的税款和债务可以不负清偿责任。

第一千一百六十二条　执行遗赠不得妨碍清偿遗赠人依法应当缴纳的税款和债务。

第一千一百六十三条　既有法定继承又有遗嘱继承、遗赠的，由法定继承人清偿被继承人依法应当缴纳的税款和债务；超过法定继承遗产实际价值部分，由遗嘱继承人和受遗赠人按比例以所得遗产清偿。